モラハラ夫との
8年間の闘い

くたばれ バカ旦那！

桃猫

太陽出版

はじめに……

世の中には、様々な種類の「旦那」がいる。

その中でも特に妻を困らせるダメな旦那のことを「バカ旦那」と呼ぶ。


たいていの場合それは、金遣いが荒い、仕事をしない、酒癖が悪い、家庭を顧みない、浮気をする、DV、マザコン…といった、

「一体、この男のどこが良くて結婚したの!?」

と思うような旦那である。


アナタのすぐ隣にもいませんか?

そんなバカ旦那が…。

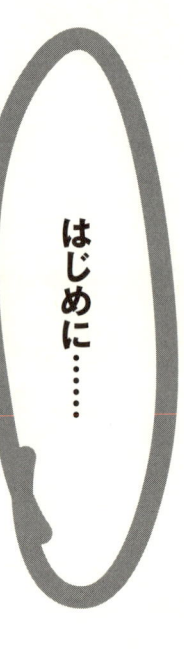

はじめに……

この「くたばれバカ旦那！　～モラハラ夫との8年間の闘い」は、私の8年間に及ぶバカ旦那との結婚生活から離婚に至るまでを綴った日記である。

この日記の中には、妻を妻とも思わない信じられないような所行の数々や、あくまでも自分勝手な言動を繰り返す〝恐怖のモラハラ夫〟の姿がある。

それはまるで、テレビドラマのような世界だ。

でも、これはぜ～んぶ本当の話。

さて、そんな旦那と、なぜ私が結婚したのか？

そして、どんな結婚生活だったのか…。

話は、私と旦那との出会い。

2人がまだ高校生だった頃から始まる。

目次

登場人物

姑

時々とんでもない言動で桃猫を困らせる。まったく悪気がない可能性もあり。限りなく天然系。子供より自分が一番な性格。ボランティア好き。

私…桃猫

しっかり者と、気の弱い人格が混在する難儀な性格。何でも「自分が我慢すれば…」と、抱え込む悪い癖がある。バカ旦那との結婚生活では我慢強さがあだとなり、結局離婚。現在は娘と2人暮らし。

バカ旦那…裕己

わがままな子供のまま大人になってしまったような人。家計を考えずにカードで買い物をしたり、何かというとすぐに不機嫌になったり、浮気をしたりとヤリたい放題。離婚するそのときまで桃猫を悩ませた。外面の良さは天下一品。ちなみに隠れマザコン。

娘…ミラ

犬川家の一人娘。見た目は旦那や姑そっくり。性格は…？　パパ(裕己)を恐れ顔色を伺っているような子供。超マイペース。現在は、中学１年生。

友

しがぴー

桃猫の古くからの男友達。ちなみに妻子持ち。困っている人がいるとほっとけない性格で、いわゆる「いい人」。その面倒見の良さは相手の性別を問わない。旦那とも知り合い。

ちーすけ

バカ旦那の最初の不倫相手。会社の同僚。何と結婚前からつき合っていたらしい。独身。

早苗ちゃん

バカ旦那の２度目の不倫相手。旦那の会社の取引先の事務員。夫あり。子供なし。とにかく“イタイ女”。

※登場人物は、すべて仮名です。

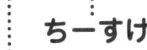

出会い、そして始まり

旦那と出会ったのは高校生のとき。

ぽっちゃりしてて全然かっこよくはないけれど、いつもニコニコしてとっても優しい人だった。

最初に存在を認識したのは高校2年生の春。演劇部が体育館で新入生歓迎のお芝居をしている時のことだった。

実は旦那は演劇部でもなんでもなく、私の友人に頼まれて無理やり照明の手伝いをやらされていたらしい。マッシュルームカットで小太りのいかにもオタクくさい男子。それが旦那の第一印象だった。

翌日、とても早く登校した私が教室に入ると、見覚えのある男子がいた。

「あ、昨日の！」

そう、旦那である。自分でも気づいていなかったが……同じクラスだったのだ。

お互いに登校時間が早く、いつもどちらかが1番、2番で、「今日こそは1番取るぞ！」と変にムキになって早く登校しているうちに、自然と2人で話すことが多くなった。オタクっぽい旦那ではあったが、意外なことに共通の話題も多かったので、話しているうちにいつの間にか大好きになって…。

高校3年の春、旦那からの告白。交際が始まった。

このオタクくさい人と後に結婚して離婚するなんて、当然この頃は知る由もなかった。

高校卒業後、私は家庭の都合で就職。旦那は普通に大学へ進学した。就職して大人の世界に入った私が、他の誰かに取られはしないかと会社に迎えに来たり、休みの日には毎週会いに来たりとマメな旦那の努力でいつもラブラブだった。

そんな旦那に少しずつ変化が現れたのは社会人になってからだった。

社会人になってからの旦那の大変身。それは「ものすごく痩せた」ということ。

半端な痩せ方ではない。人生の大半「ぽっちゃり」だった旦那が、生まれて初めてすっきり痩せたのだ。いや、げっそりといった方がいいかもしれない。

社会に出て、仕事の大変さを痛感。姉御達に毎日のようにファッションチェックや、仕事の厳しい指導をうけ、すっかり精神的に参ってしまい、食物がのどを通らなくなってしまった結果である。大食漢だった旦那が食べないのだから痩せるのは当然のことだった。

しかし旦那は喜んだ。生まれて初めて痩せたのである。しかも痩せたら「オタク」っぽかった旦那が「ハーフ」のような顔になってしまった。ハーフといっても白人系ではない。インドネシアとかパキスタンとかである。日焼けした旦那にパキスタン人が同じ国の人間だと思って嬉しそうに話しかけてきたこともある。とにかくそのくらい濃い顔に変身した。

そして「オタクでぽっちゃり」と言われていた旦那の周囲からの評価が一変した。

「かっこいい」と…。そして、「やさしそう」から「男前」に変わった。

しかし、外見が変わっても私たちがラブラブなのは変わらなかった。休みの日は必ずデート。Hは週1。毎晩のラブコール。ちょっとケンカの回数は増えたりもしたけれど、いつもすぐに仲直りした。

ただ、痩せて外見が変わってから、少しずつ旦那の性格が変わり始めていたことに私は気づいていなかった。いや、気づいてはいたが、見ない様にしていたのかもしれない。

それから数年して、2人の結婚が決まった。

旦那が母に挨拶にきて数日後のことである。

「今度の日曜日におかんが結納金持って行くらしいで」

と、旦那が突然言い出した。姑は簡単に済ませようと思っていたらしい。

母にそのことを伝えると、簡単と言っても、わざわざお母さんがいらしてくれるのだから、お膳くらいは用意しなくては…と、結納膳の仕出しを予約した。

するとそのことを知った姑が前々日にごね出したのである。

「そんな物用意するのならその日は結納金は持っていかない。簡単にと言っているのにどうしてそんな大ごとにするの？」

大ごとにしているつもりはなかった。正式な結納をしないとは言え、結納金を持ってくるという姑をせめてお膳でもてなそうというのがそんなにいけないことなんだろうか？

結局姑は、

「その日に結納金を持っていくのはやめます。その日は挨拶だけにして、後日結納は正式にやりましょう」

と言い、本当にその日は結納金を持ってこなかった。

結局、前日にお膳はキャンセルすることとなり、当然のことながらいくらかのキャンセル料をとられ、母の心には姑に対する不信感とわだかまり、そして、「娘が本当に幸せになれるのだろうか」という不安が生まれたそうである。

後日、無事に結納を交わしたが、母の不安は解消されなかった。

実は結婚してから知ったことなのだが、姑は私と旦那の結婚話が出たときに、何とか結婚話をつぶそうとしていたらしい。

私は幼い頃に父を亡くし、母と2人で暮らしていたのだが、それが気に入らなかったらしい。姑は旦那をお金持ちの娘と結婚させて楽な生活をさせたかったらしく、母子家庭のどこの馬の骨ともわからない女との結婚は認めるつもりはなかったようだ。

で、雇ったそうですよ。探偵を。何か小さなことでも問題があったら、それを理由に反対しようと思っていたんでしょう。ところがどっこい。私は近所でも学校でもすこぶる評判の良いお嬢さん。その上亡くなった父はええとこのボンボンだったので、姑の気にする「家柄」とやらもクリア。納得がいかないながらも、しぶしぶ結婚を認めたそうな。

家柄を気にするからには、旦那もええとこのボンボンだと勘違いをされてしまいそうだが、お義父さんは普通のサラリーマン。旦那は高校くらいまで社宅住まいだった。その後共稼ぎでためたお金を頭金にマンションを購入。社宅や共稼ぎが悪いと言っているわけではない。人の家柄を気にする前に自分の家柄はどうなんだと問いたかった。

この姑には後々まで泣かされることになるのである。

そんなこんなで、なんだかんだとごたごたしたけれど無事結婚。それはそれは和やかな明るい式だった……が、姑や舅は比較的冷めていて、あまり喜んでいるように見えなかった。

「新婚生活が始まった」

とにもかくにも、私たちの新婚生活がスタートした。

私は性格的に器用な方ではないので、いきなり家庭と仕事の両立は難しいと思い、とりあえずは専業主婦になった。もちろん、生活が落ち着いたらパートに出るつもりではいた。

家計は、旦那のお小遣い分3万円だけは会社から現金でもらえるようにしていて、その残りを口座に振り込んでもらっていた。家賃、光熱費、生活費をさっぴいても贅沢さえしなければ貯金も出来るくらいの金額だったので、私は頑張ってやりくりしていた。

テレビは旦那が帰るまでつけない。冷暖房も同じ。旦那には毎日お弁当を作る。安い材料をまとめ買いして、作り置きをして冷凍保存は当然のこと。料理は手間を惜しまなければ安く済ませることが出来ると、この頃に学んだ。


新婚当初の旦那はいい旦那だったと思う。

朝のゴミ出しは必ずしてくれた。会社から帰る前には電話してくれた。時々、私の好きそうなケーキを買って帰ったりした。休みの日には必ず一緒に買い物に出かけたし、「いってきます」と「ただいま」のキスは欠かさなかった。風呂掃除は旦那がやってくれた…と言うより、私にはやらせてくれなかった。ある程度汚してから一気に強力洗剤でピカピカにするのが快感だったらしい。洗濯も干してくれたりした。Hも…まあ新婚家庭らしい回数はこなしていた(多いくらいだったかもしれない)。

これだけ読んでると、ものすごくいい旦那だよなぁ。でも、私は旦那の時々見せる表情に微妙な違和感を抱いていた。

例えば、些細なことですぐに機嫌が悪くなったり、キレたり。

「こんな人だっけ?」って思うような言動がちらほらあった。

でも、それはすべて仕事が大変で疲れているからだと思っていた。根は優しい人だから、周囲にいろいろ気を使って疲れているんだろう。私の前でくらいぶちまけたいよね。全部受け止めてあげるよ。私だけはいつも笑ってそばにいるよ。そう思って、旦那がどんなに機嫌が悪くても私は微笑んでいた。

そんなある日、会社で何かあったのであろう、いつにもまして不機嫌な旦那が私に向かって言った。

「お前、何いつもニコニコ笑ってんねん。何がそんな嬉しいねん。むかつく！」

体が一気に冷えていくのがわかった。心が一瞬にして凍りついたのかもしれない。ショックだった。本心から出た言葉でなかったにしろ、すべてを否定されたような気分だった…。

結婚してから旦那はとても忙しそうだった。帰宅は必ず9時、10時だったし、休日に出社したり、夕方からでも仕事に出かけていた。旦那の職種的に、それは決しておかしいことではなかったので、私は「大変なんだなぁ。私は家でのほほんと主婦させてもらって申し訳ないなぁ。せめてきっちり主婦業をこなさなくちゃね」と思っていた。

その日も、いつものように遅く帰宅。かなり疲れていたようだったが、いつになく甘えん坊モードで私にじゃれてきた。ひざまくらで甘えながら旦那がふと、こんなことを言った。

「やっぱりお前が一番ええなぁ…」

〝ちょっと待て！　それはどういう意味だ？〟と、今の私ならすぐに突っこみを入れるところだが、そのときの私は、旦那をこれっぽっちも疑っていなかったので「何それ？」と、笑っていた。その言葉に大きな意味が隠されているとも気づかずに…。

そのあとも少しづつ、旦那のおかしな面が見え始めた。例えば、食事。

私の作るカレーは、長時間煮込んで具の形がなくなるくらいトロトロである。翌日に食べると更に美味しいというのは言うまでもない。

ところがである、旦那はこのカレーが不満で不満で仕方がないのだ。

初めてカレーを作ったときに言われたのは、

「ルーはハウスバーモントカレーの中辛にして。それ以外のは辛いから嫌い」

そう、旦那は辛いのが嫌いなのである。

私は辛いのが好きだったし、何種類かのルーを混ぜて作ると美味しいのでそうしていたのだが、旦那が食べられないのでは仕方がないので言うとおりにした。しかし旦那は何かしら文句を言いながら食べていた。

「具が小さい。もっと大きく切ってくれ」

「煮込みすぎ。せっかくの具が小さくなる」

「こんなにトロトロにする必要があるんか？」

そんなある日、ついに旦那がこう言った。

「俺の家のカレーは、ちょっとしか煮ぃひんから、具もそのままの形やし、トロトロやなくてシャプシャプやねん。俺はそういうカレーが好きやねん！」

…ああ、手抜きマザコンカレーですか…。そんな物食べたくないから私には作れません！

旦那はマザコンである。だが、本人にはまったくその自覚がない。むしろ「俺はおかんのことが嫌い」と思い込んでいる。隠れマザコンとでも言おうか。

確かに、姑にいろいろ頼みごとをされると怒ってぶつぶつ文句を言ったり、あまり実家には帰りたがらなかったり、悪口をいろいろ言ったりもしていたが、それは愛情の裏返しだったのだと思う。

姑は自分が一番可愛いというタイプの人なので、旦那はずいぶんさびしい思いをしたそうだ。まだ学生の頃、学校から家へ帰ると机の上に1万円札がひらり。置き手紙には、

「友達と旅行へ行ってくるからよろしく」

とひとこと。舅はずーっと単身赴任なので、何も聞いてなかった旦那はお兄さんと2人でお留守番。そんなことは一度や二度ではなかったようだ。

自分の理想とは違う母親。自分の好きなことばかりしている母親。自分勝手でわがままな母親。いろいろ口出ししてきてうるさい母親。世間体を気にしすぎて、ええかっこしいの母親。愛されたかったのに旦那が思うような愛情はくれなかった母親。その母親を「疎ましく思う気持ち」と「愛されたかった気持ち」が、旦那を隠れマザコンにしたのではないだろうか。

なんにせよ、この「愛情不足」の生活が、旦那の困った性格を形成したのだろう。

それから…私は、結婚するまで旦那が味オンチだと言うことにまったく気づかなかった。何

を作っても特に反応はない。「美味しい？」と聞くと「うん」。正直あまり張り合いがなかった。ただ、出来合いの物やレトルト食品をそのまま出すと、とても機嫌が悪くなるので、張り合いのないわりには大変だった。

「お前の料理は味が濃い。うちはもっと薄味だった」

と言われて困っていた。

そのわりには、お弁当のおかずは赤いウインナーと某メーカーのレトルトミートボールが入っていれば機嫌が良かった。これはレトルトそのままでもOKだった。

かと思えば、ちょっと凝った料理を作ると嫌な顔をした。私的には美味しくできていても「口に合わない」と言って、一口食べて全部残す。何のフォローもなし。

「もしかして私って料理下手なの？？？」

自分の腕に自信を失いかけた頃に、旦那の味覚オンチが発覚した。

旦那は「白身魚の煮付け」の味に対して、とても厳しかった。「白身魚の煮付け」を作るといつも「味が濃すぎる」と言われていたのだ。そして、「うちのおかんの煮付けは美味かった」といつも言っていた。

ある日、旦那の実家へ遊びに言ったときに、姑が「白身魚の煮付け」を作っていた。これは姑の味を学ぶいいチャンスだと思い、どれどれ…と出来上がった煮付けを見てびっくり。だし汁がまっ黒!!　いやいや、見かけが黒くても味は薄味なのかもしれない。

旦那が嬉しそうに一口食べて、

「うまい！　そうそう、この味や♪　お前も食べてみろや。こういう味で作るんや」

と言うので食べてみた。

濃い。すごい濃い、つーかからい!!

しょうゆがらいというんだろうか？　ほんの少しの甘みにたっぷりのしょうゆ味。

「…これが薄味？　俺んちは薄味やってゆうてたやん。でもこれめっちゃ濃いし…」

「そうやったっけ？　ははははは」

旦那の味覚は信用しないと誓った日だった……。


さらに、旦那の実家で驚いたのは賞味期限切れのものが大量にあることだった。

料理の手伝いをしたときに、調味料を使おうとしてふと見ると、賞味期限は3年前…。

「お義母さん。これ…賞味期限ずいぶん前なんですけど…」

「ああ、大丈夫よ」

「いや、大丈夫じゃないですよ」

「そお？　平気だと思うけどねぇ」

万事がこの調子。冷蔵庫の中は魔窟と化していた。

「これ、もらい物なんだけど食べないから」と、乾燥うどん(棒状のやつ)をもらって帰ったときのこと。次の日の日曜のお昼に「そうだ、昨日もらったうどんにしよう」と袋を開けると、なんか荒い粉みたいな物が袋の中に落ちている。

「?」と思いながらも、袋の中身をお湯の中にそのままざらざらざらーっと入れると…

「いやぁあああああああああ!!」

あんな声で叫んだのは初めてだった。
旦那がびっくりして飛んできた。
うじみたいな虫が…たくさん浮いてきたのである。
ぷかぁって。
よく見ると、うどんにはたくさん虫食いのような跡が…。
袋を見ると賞味期限は遥か昔に過ぎていた。
姑からもらった物の賞味期限を確認しなかった私が悪かったかもしれないけど…。
私はその後、しばらくうどんを食べられなくなった…。

わぉ！　妊娠した！

結婚前に旦那から

「もしかしたら、俺タネないかも」

と言われた。

旦那は子供の頃とても体が弱くて、学校も休みがちで、治療のためにいろいろな薬を飲んでいたらしい。そのせいで、もしかしたら子種がないかも…と言うのだ。

旦那がそう思った理由はもうひとつあった。

「子供ができてもええやん。できたらすぐに結婚しよう」と、危険な時期に避妊をしなかったことが多々あったのだが、一度として妊娠することはなかった。それが何年も続いたのだから「絶対にタネはない」と思ったらしい。

「子供できひんかってもええか？　どうしても子供が欲しいんやったら、俺と一緒にはならん方がええ」

私は一人っ子のせいかあまり子供が得意ではなかったので（…というより嫌いだったかもしれない。ちなみに旦那は大の子供嫌いだった）、子供がいない生活がそんなにつらいものとも思わなかったし、旦那のことを本当に大好きだったので別れるなんて考えられなかった。

「子供なんかおらんでもええやん。2人で仲良く暮らせたらそれだけでええよ」

2人で生きていくことを決意した夜だった。

そして結婚してから1ヶ月が過ぎた頃だろうか、なんだか体調がおかしくなった。やたら眠い。寝ても寝ても眠い。専業主婦なのに申し訳ないなぁと思いながらも、午前中にやることは全部やって、午後は爆睡する日が続いた。それに、すぐに疲れていた。疲れてくるとなんだか気分が悪くなった。更にお腹が空くと気分が悪くなる。何かを食べるとおさまっていたので、お腹が空きすぎて胃が変なのかと思っていた。

また、やたらオレンジジュースとアイスとチョコとチーズが食べたくて仕方なかった。全部元々好きなものなのだが、その時は消費量が半端じゃなかった。でも、体重の変化はなし。そして、ふと気づいた。

「あれ？　そう言えば結婚してから生理来てない…」

確かに私は環境の変化があったり、精神的にいろいろあると遅れる方だった。

「でも、もしかして…？」

そう思って妊娠検査薬を使った。結果は陰性。なーんだ、やっぱり遅れてるだけか。

妊娠検査薬を使ってから更に1ヶ月が過ぎた。でも、やっぱり生理がこない。

翌日、早々に婦人科の病院へ。今までの症状等を説明して、妊娠検査薬でも反応がなかったことを伝える。で、お決まりの尿検査＆内診。

「もうすぐ妊娠5ヶ月です」

「は!?」

でも妊娠検査薬で反応なかったし、つわりなかったし、体型変わらないし、体重も変わらないし…**えええええええええええええええええっ!?**

先生は納得いかない私にエコーで赤ちゃんを見せながら、

「元気な赤ちゃんですよー。来週の戌の日に腹帯持ってきてくださいね。あ、それからすぐに母子手帳もらってきてください」

え？　何？　いきなり腹帯ですか？　いきなり妊娠期間が半分過ぎかけてるの？　そう言えば妊娠初期と思われる時期に10kgのお米持って1時間くらい歩いたような…。自転車も乗りまくりだったけど平気だったの？　なんかすごい生命力の強い子供みたい！

すっかり興奮していた。

ここでふと我に返った。

「産んでいいの？」

普通なら手放しで喜ぶべき所なんだろうけど「タネがない」「子供は好きじゃない」という旦那の言葉と、「そろそろ仕事しようと思ってたのに…。生活できるの？」ということが頭に浮かんだ。

旦那はなんて言うんだろう…。

普通なら嬉しいはずの妊娠なのに不安な気持ちで家に帰った。

夕方、旦那から電話があった。

「どうやった？　どっか悪いって？」

「おめでとうございます」

「なにが？」

「妊娠してた」

「えええええ？　嘘やん」

「ほんまやって。もう5ヶ月になんねんて」

「ほんまか？　あははははは。とりあえず帰ってからゆっくり聞くわ。ほなな！」

〝あははははって何？　喜んでんの？　困ってんの？　どっちなんだ！〟

そう思って待ってると、いつもよりほんの少し早く旦那が帰宅した。にこにこしている。

「すごいなぁ。絶対妊娠と違うって思ってたのになぁ」

そう言って本を差し出した。赤ちゃんのための姓名判断の本…。

本のタイトルが涙でかすんだ。

「産んでも…ええの？」

「何ゆうてんねん。あたりまえやんか。神さんからの授かりもんやねんから。体に気ぃつけんとあかんで。元気な子産んでな」

「…うん。よかったぁ。生活できひんから堕ろせって言われたらどうしようかと思ったぁ」

「あほやなぁ。そんなん何とかなるやろ」

「うん。うぇぇぇぇぇん」

旦那に抱きしめられ「イイコイイコ」されながらボロボロ泣いた。とても幸せだった。

妊娠がわかって、お互いの親への報告はそれぞれですることにした。

私がうちの母に報告したときの反応は、

「何で5ヶ月まで気がつけへんかったん？　あほちゃう？」

まあ…確かに。

〝日にち的に結婚前に出来てたのでは？〟という疑惑をかけられたが、それはない。だって、結婚式の1週間前に生理が終わって、そのあとHしたのは結婚式の後が最初だったから。

つーことはハネムーンベイビー？　うわぁぁ。なんか恥ずかしいぞ。

で…本題に入るが、旦那が姑に話した時に、姑の言った言葉がこれである。

「まだ結婚したばっかりやし、しばらくは2人で仕事して生活を楽しんだらええのんちがうん？　子供は2年後くらいでええやんか。今回は堕ろしたら？」

…目が点である。姑も姑だがそれを私に言う旦那も旦那だ。

結果的にはもう5ヵ月だし堕ろすのは無理だということで、しぶしぶ納得したようだったが、私の心には大きなわだかまりが出来た。

ちなみに、そんな姑の職業は「看護師」である。

さて、子供ができたのはいいが、誰かさんの金遣いが荒いのでローンはあるが貯金はない。いろいろそろえなくちゃいけないし、何よりも出産費用がない。どうしようかと考えていると旦那が平然と言った。

「銀行で借りたらええやん」

まあ、確かにそれしかないんだけど……少しは悩めよ。

何でもかんでも借りればいいと思ってるんだからタチが悪い。実はすでにバイクを買うのに銀行でお金を借りていて毎月返済していたのだ。

旦那はさっそく銀行へ相談に行った。すると、返済している分と出産費用を合算して返済して欲しいとのこと。つまり、バイクローンの残り金額＋出産にかかる費用分の金額を借りて、バイクローンの残りを完済してくださいと言うのだ。旦那は迷わずその通りにしてきた。これで確かに出産費用は確保できたが、我が家にはまたローンが増えた…。

妊娠すると、思っていた以上にお金がかかる。定期健診。お腹が出るのでマタニティウェアの購入。胸が大きくなるのでブラも新しい物を買う。出産後の赤ちゃんの服、オムツ等…。でも、奴の金遣いは変わらない。

お小遣いはきちんと渡してあるし、酒は飲まない、タバコもすわない、ギャンブルもしない。お昼ごはんはお弁当を作っている。欲しい物があればカードで好き勝手に物を買うくせに、お小遣いが足りなくなったとお金を請求する。それは1000円～5000円位のものなのだけれど、何回も持っていかれるとたまったものではない。

これは、きっと家計がどういう状況かわからないから平気で「金くれ」なんて言うんだろう！ と思った私は日ごろつけている家計簿を広げて見せた。

「給料日まであと1週間やけど、今うちには5千円しかありません」

その家計簿を見た翌日の朝、旦那は言った。

「金ないから5千円くれ」

は？ 今なんとおっしゃいました？

今うちには5千円しかないんですよ。その5千円をくれと？ 給料日まであと1週間もあるのに？

…そう言いたい気持ちをぐっとこらえて、

「これ全部持っていかれると困るんやけど…」

「えー？ しゃあないなぁ。ほな4千円くれ」

…4千円持って行きやがりました。

バカ旦那 迷・珍言集

「イタリア人は貯金せえへんねん」

離婚するその日まで、旦那の金遣いの荒さは治らなかった。まだ離婚が現実的ではなかった頃、せめてほんの少しでも貯金がしたいと思い旦那に言った。

「貯金が全然なかったら、チビ（娘）の学費とか、将来いろいろお金かかるから困るやん。貯金できるように協力してぇや」

　すると奴はこう答えた
「イタリア人は貯金せえへんねん」

　な〜んだ、そうだったんだぁ。旦那はイタリア人だったから貯金しなかったのかぁ〜。そりゃあ仕方ないよねぇ〜。って、おい！

…ってそんな訳あるかいっっっ！　お前はコテコテの日本人やろが！！！

　ところで本当にイタリア人って貯金しないの？誰か知ってたら教えてください。

謎の無言電話、始まる

妊娠が発覚してからどのくらい過ぎた頃だろうか、突然無言電話がかかりだした。受話器を取ると無言。切ると、すぐにまたかかってくる。受話器を取る。無言。この繰り返し。これが5～6回続く。

当時、うちは留守電の付いていない電話だったので、留守電には出来なかった。で、無視していると、20回くらいコールして切れる。またコール。切れる。これがやはり数回続く。

毎日かかってくるわけではなかったので、くだらないイタズラだと思って特に気にもせず、旦那にも、

「なんかねー、最近イタ電多いんやんかー」

と、軽く言っただけだった。旦那も「へー、暇な奴がおるんやなぁ」と軽く流して聞いていた。

妊娠7ヶ月に入っても無言電話は続いていた。しかも回数は徐々に増えていた。午前中、昼、夜とかかってくることもあった。ずっと無視をしていたのだが、あまりにもうっとおしいので

外出することも多くなっていた。

旦那に無言電話のうっとおしさを訴えながら、ふと気づいたことがあった。


「旦那が家にいる時にはかかって来ない」


旦那がいない時間帯を狙ってるんだろうか？　でも、朝はともかく夜もかかってくるし…？

日曜日も旦那が会社に行ってる時はかかってくるなぁ。あれぇ？

そしてその数日後、とある電話が旦那の留守を狙ってかかってきたのだった。

旦那が休日出勤をしたとある土曜日の夕方、その電話はかかってきた。

また無言電話かもしれないが、もしかして姑や母だと困るので一応出る。

「はい」

「…」

「もしもし？」

なんだ、また無言電話かと思ったそのとき、男とも女ともわからないひそひそとささやくような作り声で、その電話の主は言った。

「お宅のご主人浮気してますよ」

は？

オタクノ　ゴシュジン　ウワキ　シテマスヨ。

おたくの　ごしゅじん　うわき　してますよ。

お宅のご主人…

えぇぇぇぇぇ？　何だって？

言葉の意味を理解するのに数秒かかった。理解したとたん心臓がばっくんばっくん言うのがわかった。体温も一気に下がっていく感じ。なのに私はとても冷静に電話の主に聞いた。

「えーっと、どう言うことでしょうか？」

「奥さん、妊娠されてるんですよね？」

「はい、そうですけど」

「ご主人が浮気してるけどいいんですか？」

「うちの主人浮気してるんですか？」

「はい。実は僕の彼女があなたのご主人と浮気してるんです。僕は彼女の日記とかスケジュール帳を見て知ったんです。それで奥さんにお知らせした方がいいかと思って」

なんじゃそら？

電話の主が言うには、自分の彼女がうちの旦那と不倫をしている。いくら僕が言ってもやめてくれない。奥さんから旦那さんにやめるように言ってくれないか…ということらしい。

「えーっと…うちの旦那とあなたの彼女はいつからつき合ってるの？」

「お2人が結婚する前からです」

…マジかよ。ああ、心臓がばくばくして手が震える。なのになんでか冷静だ。

「彼女は旦那の会社の人なんかな?」

「いえ、違います」

「じゃあ取引先か下請けの子かな?」

「ええ…そんな感じです。これ以上詳しくは…すいません」

「でも、不倫してるって言われてもピンとけえへんねんけど? なんか不倫してる証拠でもあるんかな?」

「クリスマスとバレンタインデーはデートしてたようです。帰りが遅くなかったですか?」

…そんな前のこと急に言われても覚えてないけど、バレンタインデーは日曜日で仕事は休みじゃなかったっけ? その日は一緒に家にいたような気がする。やっぱりイタズラ電話とか嫌がらせ電話か?

電話の主の後ろで電車の音やアナウンスがかすかに聞こえる。どこかの電車のホームから電話しているらしい。

「彼女はどういうつもりなんかなぁ? 私と旦那を別れさせて結婚したいとか思ってるん?」

「いえ…、そんなことはないと思います。ただ好きなんだって言ってました」

…なんかムカついてきた。いやいや落ち着け私。

「なんで自分(あなた)とつき合ってるのに不倫してんの? ほんまに彼女なんやったら怒ったらええやん」

「そうなんですけど…」

はっきりしない。つーか、ヒソヒソしゃべる作り声がうざくなってきた。

「ほんまは自分のこと違うん？　自分がその彼女なんと違う？」

「いえ、違います」

「じゃあ、普通に話してよ。私は自分のこと知らんねんから話しても問題ないんと違う？」

「ごめんなさい。無理です」

…な～んか怪しい。

「もしかしてずっと無言電話してたんって自分？」

「いえ。それは知りません」

…お？　初めて動揺した。

「で、私はどうしたらいいの？」

「ご主人に不倫してるかどうか聞いてください。それで彼女と別れるように言ってください」

「わかった。旦那が帰ってきたら聞いとく。それでええんやね？」

「はい。明日また電話しますのでよろしくお願いします。…奥さんいい人ですね」

「そう？　なんで？」

「急にこんな非常識な電話かかってきたのに、怒りもしないで普通に話を聞いてくれて…」

自分が非常識だということは理解しているらしい。

「あなたに怒っても仕方ないやん。ほんまに不倫してるんやったら悪いのは旦那やし。それに今はまだ不倫してるって信じられへんし。それより、妊婦の私にこんな話をして、万が一ショックで流産とかしたらどうすんの？　そういう部分は気をつけたほうがいいよ」

「はい、すいませんでした」

「…で、ほんまは自分のことやろ？」

「いや…(笑)。本当に違いますから」

ピンポ～ン♪　旦那が帰ってきた。


さて、いよいよ旦那に話さなくては。なんて話そう。遠まわしに言おうか、カマかけてみようか…。さっきの電話にも冷静に対処できたんだから大丈夫。そんなことを思いながら玄関の鍵を開けた。

「ただいま～♪」

にっこり笑った旦那の顔を見たとたん、ぶわっと涙が出た。驚く旦那。私も驚いた。冷静でいようと思ってたのに、突然気持ちが止まらなくなった。


「誰かと浮気してんの？」


涙がぽろぽろあふれて止まらない。

「はぁ？」

しゃくりあげながら、さっきの電話の内容を旦那に説明する。

「ほんまやの？　ほんまに浮気してんの？　誰と？　なんで？」

滝のように流れる涙。さっきまでの冷静な私はどこか遠くへ行ってしまったようだ。

旦那は少し考えて、

「犯人がわかった」

「犯人って…何？　なんか心当たりあるの？」

「多分ちーすけや」

ちーすけと言うのは旦那の会社の後輩の女性で、結婚前から旦那のことが好きでいろいろちょっかいをかけてきていたのだ。学生時代にモテたことのない旦那は、「好みのタイプちゃうからどうでもいい」と言いながらも、少し嬉しそうに私に話していた。

「なんでちーすけがそんな電話してくるん？　ちーすけと浮気してんの？」

「するかい！　あいつ最近プライベートで嫌なことがあったとかで、会社でもごっつい荒れてて、ちょっと危ないねん。まだ俺のこと好きみたいやし、お前が妊娠したって知ったときも、うだうだうるさかったし、逆恨みで嫌がらせしてきてるんちゃうか？　もしそうやったら最低な奴や。そこまでするとは思わんかった」

「でも違うかもしれへんやん」

「とにかく明日、またイタ電があったら、時間をきっちり書いといてくれ。俺もちーすけが席をはずした時間をチェックしとくから。んで、それがぴったり合ったら文句言うから」

旦那が私の頭をくしゃりとなでる。

「ねえ…」

「ん？」

「ほんまに浮気してへんよね？」

「当たり前やろ(笑)」

私はとりあえず機嫌を直して、晩御飯の準備を始めた。今日は旦那の好きなエビチリだ。


翌日、私は朝からイタ電を待っていた。もちろんメモを用意して。

「プルルル…」

来た！ イタ電を心待ちにするのは今日が最初で最後だろう。午前中に5回。午後に6回。

時間はすべて書きとめた。あとは旦那がちーすけをチェックした時間と照らし合わせるだけ…。

そう思っているとまた電話がかかってきた。

「はい」と出ると、昨日の電話の主からだった。

「言ってくれましたか？ どうでした？」

「旦那は浮気なんかしてないって言ってたよ」

「…そうですか」

それだけ言うと、切れてしまった。

「えらくあっさり引き下がったなぁ」とは思ったが、あまり気にはしていなかった。

夜、旦那が帰宅。例の時間を照らし合わせてみた。微妙に違う。合っているところもあるのだが、ずれている部分が多い。

「うーん。これやったらちょっと決め手にかけるなぁ。もっとハッキリしてたら文句言えるんやけど…もう少し様子見よか」

結果的にはこの日を境にイタ電はなくなったのである。

犯人ははっきりわからなかったけど無事に解決して良かった☆

…と言いたいところだが、そうはいかなかった。

あのイタ電のせいで私は苦しみ続けることになった。

「悪夢の始まり」

私はこの頃、毎日日記をつけていた。密告電話の数日後「そういえば…」と、ふと思い出して、クリスマスとバレンタインデーの日記を読んでみた。

・12月25日の日記

旦那は今日は出張で帰ってくるのが遅かった。部長さんと名古屋へ日帰り出張だったのだけど、帰りに無理やり飲みに連れて行かれたらしい。12時すぎ帰宅。

・2月14日の日記
今日はバレンタインなのでチョコを作った。今年のチョコも美味しいって喜んでくれた♪急用で会社に行かなくちゃいけなくなったとかで、夕方から旦那は車で会社に出かけた。9時過ぎに帰宅。


…頭を殴られたような衝撃。

電話で聞いたことと合ってる。しかも旦那は日ごろは車なんかで会社に行くことはない。普通なら電車。急ぎなら間違いなくバイクで行く。

心臓のばくばくが止まらない。手が震える。

まさかマサカまさかマサカ…。

思考がぐるぐる巡る。

モシカシテ　ホントウハ　ウワキシテル?


その日から私は探偵になった。

私は旦那の財布やカバン、服のポケットなどを探ったことは一度もなかった。旦那を信じていたし、自分がそんなことされたら嫌なので、絶対にするまいと心に誓っていた。でも、そんなこと言ってる場合じゃなくなった。

証拠が欲しい。浮気をしている証拠じゃない。浮気をしていない証拠が欲しかった。

そんなものあるわけがないけど、旦那の持ち物から怪しいものが何も出てこないことを祈りながら、旦那の洋服を調べ始めた…。

コート、ズボン、スーツ、シャツ…。

旦那のお気に入りのジーンズのポケットから何かが出てきた。

金色の袋のようなものの小さな切れ端。

何か文字が印刷されているが、切れていて判読できない。

どこかで見たような…。

「あ！」

気づいた。気づいてしまった。

これは**「コンドームの袋の切れ端」**だ。

気が遠くなりそうだった。

よりによってなんでこんな物が見つかるかなぁ。

でも普通こんなもんポケットに入れる？　もしかして誰かがイタズラで入れた？

彼女からの宣戦布告？

名探偵コナンも真っ青な私の調査はそれからも続く…。

「お前は俺の保険金が目当てなんか！」

　バイクを運転するからと、結婚前から自ら生命保険に入っていた旦那。受取人名義は「姑」だった。とにかく結婚したわけだから何かあったときのために、名義を私に変えてもらわなくてはと旦那に名義変更をお願いした。すると想像もしていないような言葉が返ってきた。

「お前、そんなに早く俺に死んで欲しいんか？」

　目が点になった。恋愛結婚でラブラブの新妻がそんなこと考えるわけないだろう。ありえないけど、万が一何かあったときに困るから言っただけだし、結婚したら受取人を妻にするって普通じゃないのか？　いくら言っても旦那は聞く耳を持たなかった。

「お前は俺の保険金が目当てなんか。そんなに金が欲しいんか？」

　取り付く島もないとはこのことか。結局、名義を変えてくれたのは結婚して１年が過ぎた頃だった。それも渋々という感じで…。

旦那の浮気発覚

気がつくとソファに横になっていた。身体がだるい。泣きすぎて頭が痛い。ぼーっとしている。なのに涙は流れ続けていた。無表情で横たわっている人間が涙を流している。端から見ると怖い光景なんだろうなぁ。つーか完全に壊れてました、はい。

人間の身体が水分でできてるって言うのは本当なんだなぁ。こんなに泣いても涙が止まらない。そんなことを考えたりしていた。

「相手は誰なんやろ、やっぱりちーすけなんかなぁ…」

人間、落ちているときというのはろくなことを考えないもので、どんどん考えが悪い方へ流れていく。

「私よりちーすけの方が好きなんかな。わざわざクリスマスやバレンタインデーに会ってるんやから、好きに決まってるやんなぁ。めっちゃ好きなんかなぁ。結婚前からって言ってたやんなぁ…じゃあなんで私と結婚したんやろ？　神様は意地悪や…。私が何か悪いことしたん？

なんでこんな目に遭うん？　一生懸命やってるだけやのに…。多くは望んでへんのに。普通に幸せになりたいだけやのに…」

どんどん深みにはまって行く。

「愛されてへんのやったらこのまま生活続けるの辛いな…。でも数ヵ月後には赤ちゃんが生まれてくるし…。どうしたらええんやろ…離婚？　…それは無理や。妊娠中やし…生活できひん。妊娠してへんかったら…」

その時、赤ちゃんが「こら」と言ってるかのように、おなかをボンと蹴った。ふと我に返る。赤ちゃんに怒られた…。

「ごめんね、ごめんね。そんなつもりで言ったんと違うからね。あんたはママとパパが一番幸せなときにできた子供やから、本当に幸せやったときに授かった子やから、ちゃんと生まれてきてな」

ぽろぽろ泣きながらお腹の赤ちゃんに謝った。……気がつくと泣き疲れてソファで眠っていた。もう夕方。

「ご飯の支度しなくちゃ…」

ふらふら起き上がって顔を洗って夕食の用意。夜、いつもよりちょっと早く旦那が帰宅。

「あれ？　目はれてるで。どうしたん？」

「ん？　今日一日寝てて…。寝すぎかな(笑)」

「そっか。妊婦やもんなぁ。しっかり寝とけ(笑)」

その笑顔で嘘をつき続けてたんだね…。

にじみ出る涙を隠しながら味噌汁を注いだ。とりあえず、しばらく気づかないフリをしようと決めた。

でも、旦那の前で普通に笑うのは結構辛かった。旦那が会社に行った後、とりあえず掃除と洗濯をすませて、ソファでぼーっと横になっていることが多くなった。何も考えたくなかった。でも気づくと旦那のこと、浮気相手のこと、これからどうしたらいいんだろう…などと考えている。考えてもいい答えが出るわけもなく、ますます落ち込んでいくだけだった。そして涙…。旦那の浮気が発覚してから泣かない日はなかった。

夕方には化粧を直して、旦那を迎え入れる体制を整える。

「さあ、今日はどんな証拠を持って帰って来るやら…」

浮気をしていることがわかってから冷静に旦那を観察すると、いろいろな言動がとても不自然なことに気づいた。今まで私は旦那の何を見ていたんだろう。

旦那がお風呂に入っている間に財布やカバンを調べるのが日課になった。浮気はほぼ確定しているが、もっと大きな証拠が欲しかった。旦那がシラをきり通せないような大きな証拠が…。旦那は長風呂だけれども、急にあがってこないとも限らない。

見つかったら怒られるだろうなぁ…なんて思いながら調べていた。なんて小心者の私。

そこでふと気づいたことがある。時々旦那の財布の中のお金が増えている。なんで?

旦那の持ち物検査を始めてから数日がたったが、これと言う証拠は出てこなかった。証拠が出てこないと言うことは、浮気相手とデートをしていないと言うことなのだから喜ぶべきことなんだろう。この前の電話の事件で別れたりして…なんて甘いことを考えたりもした。

しかしやはり甘かった。旦那は私を上手く騙せたと思っていたんだろう。性懲りもなく嘘をついてデートに出かけたのだった。

金曜日の夜、いつものように旦那の財布を調べると、また増えている。昨日より3千円増えて5千円になっていた。

「???　なんで？　どうして????」

疑問は残るがお金を持っているということは、お小遣いの追加を催促されなくてすむということなので、とりあえずはよしとしておくことにした。

風呂からあがってきた旦那が突然言った。

「あ、明日出かけなあかんねんけど、金ないから5千円くれ」

ちょっと待て。あんたの財布の中には5千円入ってるやろが!!

…そう言ってやりたかったが、持ち物検査をしていることは当然秘密である。バレたら逆ギレは必至なので、ここは気づかないフリをして探りを入れてみた。

「えー、全然ないの？　ちょっとくらい残ってるんやったらそれでなんとかしてぇや」

「何ゆうてんねん。もう200円くらいしか残ってへんわ」

はい、大嘘決定。でも知らないフリで話を続ける。

「しゃあないなぁ。わかったわ。ところで明日どっか行くん？」

「うん。午前中は出社して仕事や。今、忙しいねん。ほんで、午後からは斉藤（男の後輩）と出かけるから遅くなるわ。俺と斉藤が今度の飲み会の幹事になってもーてんけど、俺、酒飲めへんから、店なんかわからへんやろ？　斉藤はいろいろ知ってるらしいけど、一人では決めにくいらしいから一緒に下見に行くことになってん。まあ後輩と行くからには全然金持ってへんのも恥ずかしいしなぁ」

「ふぅ～ん。大変やねんねぇ。ほんならご飯食べてくんの？」

「そうやなぁ。食べてくるかもしれへんなあ。どっちかわかれへんかったら困るやろうからご飯はええわ」

「うん、わかった」


…絶対に嘘だ。

明日こそ何か大きな証拠が出てくるかもしれない。そう思いながらも心のどこかで、「本当に後輩との下見だったらいいのに…」そう願っていた。

土曜日の朝、旦那はいそいそと出かけていった。妊娠してからは、「朝は寝てていい」と言われているので寝たフリで送り出す。そのあとで、こっそりベランダから旦那を見る。

あら、その服装は自分でちょっと自信のコーディネートですね、旦那。更に車でお出かけですか。ほー。飲み会の場所を見つけるのにそんな不便な物でお出かけですか。いつも市内に出かけるときは、「車だと駐車場を見つけるのに苦労するから嫌だ」とか何とか言って、絶対バイクか電車なのにねぇ。…こりゃデート確定かな。

家に一人でいるとろくなことを考えないので、とりあえず実家へ遊びに行くことにした。

夜、7時過ぎに帰宅。当然旦那は帰っていない。…さて、何時になるのやら。

9時頃、旦那帰宅。

「お帰り、どうやった？ ええとこ見つかった？」

「うん。でも大変やったで。あちこち見て回って疲れた」

「お疲れさん。ごはんは食べて来たんやんなぁ？」

「食べてきた。お風呂はいるわ、沸いてる？」

早々にお風呂へ入る旦那。私としても早く調べたかったのでありがたかった。

ゴソゴソ。服を調べる、カバンを調べる、財布を…

「**！**」

出てきましたよ、大笑いな物が。六甲牧場の入場券。

あらら。思いっきりデートコースですね。私も結婚前に連れて行かれましたとも。

むかつくムカツクむかつくムカツク。言いたい言いたい言いたい言いたい。

でも言うと財布を黙って見たのがバレる。そうしたら自分が悪いのを棚に上げて逆ギレするに違いない。それはまずい、と言うかうっとおしい。何かいい方法はないか。

何か、何か、何か…。

閃いた。風呂場のドア越しに旦那に大声で話しかける。

「あ♪」

「ねぇ、○○の会員カード、持ってたよねぇ?」

「そうやったっけ?」

「うん。明日、行ってこようと思ってるからカード返してな。財布の中に入っててんねんやんなぁ? 勝手に取るで」

「んー」

しめしめ。これで財布を見る理由は完璧。ちなみにカードは私が持っていた(笑)。

浮気相手とのデートの証拠を握られたとも気づかずに、ご機嫌で旦那は風呂から上がってきた。いつものようにパンツ一丁で台所へ行き、ファンタをペットボトルから直飲みしたあと、テレビの前に座った旦那に言った。

「なぁ、今日誰と会ってたん?」

「そやから斉藤やってゆーたやん」

「なんで斉藤君と六甲牧場へ行くんよ」

「は?」

おもむろに入場券を見せる。

「さっき、カード返してもらおうと思ったらこんなん出てきた。なんやのよこれは。男と2人で六甲牧場へ行くわけないやん！」

「斉藤と行ったんや…」

おいおい。それはちょっと無理があるやろ。

「なんで六甲牧場に男同士で行くん？　そもそも飲み会の会場を探しに行ったん違うん？」

「斉藤が今度のデートで行きたいから下見に連れて行ってくれって言いよったんや。そやから連れて行ったってんやんけ！」

ほお。斉藤君はよっぽど下見が好きなのね…って、そんな理由が通ると思ってんのか！

このバカ旦那は！

「そんなわけないやん…」

「なんやねん！　お前俺の言うことが信用できひんのんかっ！」

不愉快そうに旦那が言った。

ええ、信用できませんとも。この間までは、少しも疑ってなんていなかったのに、こんな風にさせたのはどこの誰なんだと思っているんだろう。

そんな言葉を飲み込みながら、

「この間、変な電話あったし…。もしかして…」

と、かろうじて言った私に、旦那は怒鳴りつけるように言った。

「俺よりイタズラ電話を信じるんか。なんやそれ？　お前、ずっと俺のことそんな目ぇで見てたんか。信じられへんわ」

よくもまあそんなことが言えたもんだ。私は他にも証拠を握ってる。

なんでコンドームの袋の切れ端がポケットなんかに入ってるの？

言いたいのに言えなかった。言っちゃいけない。私の中の何かが私を止めた。

「…だって」

ぽろぽろ泣きながらうつむく私を睨み付けると、「寝る」とだけ言って旦那は寝室へ行った。

くやしい。あんなに見え見えの嘘を平気でつくなんて。これで旦那に警戒されてしまった。

明日からは証拠を持ち帰らないかもしれない。問い詰めるのはもう少し待つべきだったか、もっと証拠が揃ってからにするべきだった。でも、止められなかった。止まらなかった。

これ以上証拠が集まらないかも…と落胆する私だったが、神様は私に味方した。

数日後、とんでもない爆弾が届いた。


私が旦那に返り討ちにあった翌日、旦那はいつものように機嫌よく会社へ行った。なんであんなことのあった後で、「いってきまぁ～す☆」なんて笑えるんだろう。これからどうしよう。このままほっておくしかないんだろうか。なんとか証拠を見つけ出す方法はないんだろうか…。いろいろ考えるものの、解決策が見つからないまま数日が過ぎた。

とある平日の夕方、買い物から帰って郵便受けを見ると、旦那宛にカード会社から請求書が届いていた。いつものことである。欲しい物があると勝手にカードを使って買ってしまう。家計のことなんかお構いなしだ。

今回はいくらなんだろう。一括払いなんだろうか。１万円以上の物だったらボーナス払いにしてほしいなぁ…。また食費削らなきゃ…。いろいろなことを考えながら明細を見た。

えーっと…南海部品で…うわっ、この間のグローブ、やっぱりカード払いやったんや！

やられたっっ!! それから…っと…ん？

「…何これっ！」

呆然とした。しばらく固まったまま動けなかった。

信じられないバカヤローだ。ここまでバカだとは思わなかった。


浮気相手へのクリスマスプレゼントをカードで買うなんて…。


バレないとでも思ったんだろうか？　上手く騙せるって思ってたんだろうか？

私はそこまで馬鹿にされてるの？　私のことなんか騙してもなんとも思わないってこと？

悲しさよりも怒りがこみ上げてきた。

プツン☆

何かが切れた。…ええかげんにしぃや。私は戦闘体勢に入り、旦那の帰りを待った。

「はよ帰って来い、ボケ！」

そう思いながら旦那の帰りを待つ。今から修羅場が始まろうとしているのに、きちんと旦那の晩ごはんを用意している私もちょっとバカかもしれない。でも、腹がへっては戦は出来ぬとも言うし、ごはんを作らなかったことでくだらない反撃をくらうのもバカバカしい。とりあえず、きっちりごはんを食べさせてからゆっくり話そうと考えた。

「ただいま〜♪」

何も知らないバカ旦那がご機嫌にご帰宅だ。

「おかえり、すぐごはん食べるやんな」

「おうっ。よろしくぅ♪」

…今日はその能天気さがムカック。

いつもよりも少し静かな食卓。曖昧な笑顔で旦那の話を聞く私。いつもならノリノリで言葉を返す私だが、今日はそんな気分になれなかった。そりゃそうだ。戦いの前に敵と馴れ合ってどうする。そんな私の様子に旦那は気づいていたんだろうか？　機嫌が悪いのかな？　くらいにしか思っていなかったかもしれない。

静かな食事が終わった。急いで洗い物をすませる。旦那はというと、テレビを見ながらポテトチップスをバリバリ食べて、大笑いしている。

ドキドキドキドキ…。言うぞ、さあ言うぞ、今言うぞ…。

…いや、トイレに行ってからにしよう。いざとなるとなかなか言いにくい。

すぅっ。

思い切り息を吸って…言葉を吐き出した。

「なぁ、この支払いって何?」

カードの請求書を渡すと、旦那はさっと見てにっこり笑って言った。

「これか?　おまえにやったクリスマスプレゼントやんけ」

「嘘や」

「なんでやねん。ほら、クリスマスの日付になってるやろ」

まだシラを切る。…仕方がない、切り札を出そう。

「私へのプレゼント買ったん19日やん」

「は?　お前何ゆうてんねん。25日やって。なんで19日なんて日にちが出てくんねん」

旦那の眉間にしわが寄る。少し不機嫌になり始めた証拠だ。

無言でティファニーの日付入りカード(私のクリスマスプレゼントに入ってたやつ)を渡す。

旦那はそれをチラッと見て、私を睨みつけながら無言でカードを付き返してきた。

「誰にあげたん?　この間、六甲牧場に一緒に行った人?」

すると旦那はこちらを向いて薄ら笑いを浮かべながら言った。

「ああ、そうやで?　それで?」

開き直りやがった!

「笑う旦那　壊れていく私の心」

今思えば、自嘲的な笑いだったのかもしれないが、この時の私にはバカにしているようにしか見えなかった。

「お前すごいわ。よおこんなん気ぃついたな。びっくりするわ」

へらへら笑いながら言う。

「私へのプレゼント、現金で買ったんやろ。よおそんなお金あったね」

「ああ、出張手当とかがあったからな」

ここでやっと、財布の中のお金が増えていた理由がわかった。旦那の会社では、出張旅費や出張手当を口座に振り込むシステムになっていたらしい。旦那はそのための専用口座を作り、そこへ振り込んでもらっていたのだ。なるほど、面倒だと言いながらも、後輩に任せずに自分で出張に行っていたのはそういうことだったのか。

「…相手はちーすけなん?」

「まあ隠してもしゃあないな。そうや」

「身体の関係もあるんやろ」

「はぁ?　そんなんないで」

ことさら大げさに驚いてみせる半笑いの顔が、私のムカツキを倍増させる。

「ほんならなんでこんな高いプレゼントするんよ！　なんでクリスマスなんかにデートするんよ！　身体の関係とかないのにこんなんするわけないやん！」

涙が出てきた。泣きながら睨みつける私に旦那が言った。

「お前にやったプレゼントの方が高いで」

そう言う問題ちゃうやろっ！

一度流れ出した涙は止まらない。もう、顔中涙でぐしゃぐしゃだった。しまった、タオルを用意しておくべきだったと思いながら、ティッシュの箱を引き寄せる。

「金額の問題違うやん…ちーすけのこと、そんなに好きなん？」

聞きたくないけど一番知りたいことだった。

「はぁ？　別にぃ。やっぱり俺かて男やし、好きやってしょっちゅう言われたら悪い気せぇへんしなぁ。そらその気にもなるやろ」

鼻で笑いながら答える旦那。この人はなんでずっとへらへら笑っていられるんだろう。私はずーっとずーっと辛い思いをしているのに。こんなに悲しいのに、悔しいのに、切ないのに…。ますます涙は溢れ出してくる。

「…どっちが好きなん？　私？」

「当たり前やんけ。そやからこうやって毎日帰ってきてるんやろ。プレゼントかってお前の方が高いねんぞ」

だからプレゼントの金額はもうええっちゅうに。

「ほんならもうやめてぇや。ちーすけと別れて」

涙とともに流れ出る鼻水をティッシュでぬぐう。ああ、かっこ悪い。でも現実なんてこんなもんだ。

「別れるも何も、そんなんちゃうって。まあ、心配せんでも、もう会うことないと思うわ」

「なんで？　おんなじ会社のおんなじ部署やねんから、しょっちゅう会うやん」

「あいつ、今月で会社辞めよんねん。そやからもう会うこともないやろ」

ふっと笑う。…世の中には電話ってものがあるんだから、いつでも連絡取れるでしょうが。

「会社辞めても会社に連絡してこれるやん」

「ないない(笑)！　あっちかって会えへんようになったら連絡なんかしてけぇへんって。今は一緒に仕事してるから、なついてるだけや」

…それを信じろと言うの？

涙のめいっぱいたまった目で旦那を睨みつけながら私は言った。

「絶対にもう会えへん？」

「会えへん」

「もうこんなことせえへん？」

「せえへんって」

「ほんまにほんまにほんまにせえへん?」

「うん」

旦那を睨みつけながら、一瞬の間に頭の中でいろいろなことを考えた。

そんなん信じられへん、何でそんな普通にしてられんの? わけわかれへん。なんでなんでなんでなんでなんで。そやけどそやけどそやけどそやけどそやけど…。

うわぁぁぁぁぁぁぁぁぁ〜!

激しく泣き出した私に旦那は少し驚いたようだ。

「つらかってんからぁ。さびしかってんからぁ。ずっとずっと我慢しててんからぁ」

わんわん泣きながら叫ぶ私。少しは気が咎めたのだろうか。旦那は私を抱きしめると、頭をなでながら、さっきとは別人のように優しく言った。

「ごめんな。もうせえへんから。信用してもらえるまでなるべく仕事も休みの日に行けへんようにするし、普段もはよ(早く)帰るようにするから」

泣きながらうなづく私。

もちろん信じたわけではなかった。だけど信じたかった。こんな目にあわされてもまだ旦那のことが好きだった。簡単に嫌いになれたらどれだけ楽だろう。好きである以上、今の生活を壊すことは考えられない。生まれてくる赤ちゃんから父親を取り上げるのも嫌だった。

旦那の言葉を信じて元の生活に戻る。この時の私にはこれ以外の選択肢が見つからなかった。

「浮気の後遺症」

浮気相手へのプレゼントに使ったお金は、結局家計から捻出するハメになった。

生活が苦しいと言うのに、なんでそんな物のために生活費を切り詰めなくてはいけないんだろう。まったく納得は出来なかったが、旦那はもうヘソクリもないと言い張るし…。

あの日から、旦那は早く帰ってくるようになり休日の出社もほとんどしなくなった。やむなく出社する時も、会社についてから電話、途中で電話、帰るときに電話、とマメに連絡してくるようになった。

正直なところ、まだ信じ切れていなかったので、相変わらずコッソリ持ち物検査もしていたが、怪しい物が出てくることはなかった。

私に対する態度も前以上に優しい。反省しているのかどうかはわからないが、いろいろ気遣ってくれていた。それでも私はまだ苦しんでいた。

日中は普通の生活に戻りつつあったが、夜になると私は見たこともない浮気相手と旦那のことを夢に見てうなされた。飛び起きると、寝ながら泣いていたらしく、涙が流れていた。隣を見ると旦那が気持ち良さそうに眠っている。その寝顔をぼーっと見ていると、切なくなってきて、更に涙が流れる。

旦那が目を覚ましたら困るので、隣の部屋へ行きソファで横になる。流れる涙をぬぐいもせずに、何時間かぼーっとしている。…そんなことが何日か続いた。

ある日、いつものように目を覚まして隣の部屋へ行くと、旦那が起きてきた。

「…俺の横で寝るんが嫌なんか?」

夜な夜な、布団を抜け出す私に気づいていたらしい。

首を横に振る私。

「ほんなら、なんでこんなトコで寝てんねん」

「…」

上手く説明できなくて黙り込む。それを旦那は拒絶だと取ったのかもしれない。

「俺、一生懸命やってるやろ。ほんまにもう会ってへんし。何が気に入らんねん。どないしたらええねん?」

…そんなすぐに何もなかったように出来るほど私は強くない。

一生懸命やればすぐに何もなかったことに出来ると旦那は思っていたんだろうか?

「違うの…。嫌な夢見て…寝れなくなって…」

それだけ言うのが精一杯だった。旦那は黙って私の手を引くと、寝室へ連れて行き、その日は手をつないで寝てくれた。

旦那の手のぬくもりを感じながら、明日からは目が覚めても隣の部屋へ行くまいと決めた。

なんだ。私がご機嫌取るのを待ってたんだ。

「俺が怒ってんのがわかってんねんやったら、機嫌取りに来ぃ！　気ぃ遣え！　もっと俺に媚びろ！　俺をええ気分にさせろ！　いつまでもほっとくな！　嫁はんやねんから当然やろっ！！」

…当然なのか？

コイツ、私を付き人かなんかと間違ってないか？

はい お茶
あ、ポテチ食べる？
リンゴもあるよ
早く ごきげん なおしてー
ぽてち

「もっと俺に媚びろ！」

　その日のケンカもいつもと同じように始まった。私が文句を言うと、最初は旦那も言い返してくるが、だんだん無口になる。そして眉間にしわを寄せ、口をへの字に結んで黙り込む。目だけは私を睨みつける。その態度に怒った私が、

「黙っているのはずるい、何か言って！」

と問い詰める。

　すると旦那は、

「俺が謝ったらええんやろ。すいませんでしたね。俺が悪うございました」

　とイヤミったらしく言う。

「なんでそんな言い方するんよ」

「うるさい。もうええやろっ！」

　お互い気分の悪いまま終了…。その後は私が何事もなかったように、旦那に話しかけてご機嫌を伺う…というのが普段のケンカのパターン。

　でも、この日は旦那のご機嫌を伺う気になれなかった。機嫌が悪くてもいいや、ほっとこう。そう思った。

　2日経っても3日経っても、旦那の機嫌は直らない。ふーん。ほっとくといつまでも怒ってるのか。

　そんなことを思っていると4日目に旦那が切れた。

「なんでいつもみたいに機嫌取りにけぇへんねん！！」

子供が生まれる

出産予定日の2週間前から私は実家へ帰ることになった。実家と言っても徒歩で15分程度。そんなに近いんだから別に帰らなくてもよさそうなもんだが、初産なんだから一人でいるときに何かあったら大変だと、旦那や母、祖母の3人に実家へ帰るように言われ、やむなく従うことにしたのだ。

しかし、私は家を空けることに不安があった。

もしかしたら私がいないのをいいことに、旦那が女を家に入れるかもしれない…。

そう、私の心の傷はまだ癒えていなかったのだ。

旦那の性格を考えると家に浮気相手を連れ込むなんていうことはありえない。それがわかっていても言い様のない不安が私を包む。

疑り深くてしつこい女だと思うだろうか？　もういい加減信じて許してやれよ、と思うだろ

うか？　それができればこんなに苦しまなかった。

許すことは簡単だ。だが裏切られたこと、辛かったことを忘れることは容易ではなかった。

あの日から旦那はとても優しくしてくれる。女の影もすっかり消えていた。しかし一度生まれた猜疑心は、時折私の心にささやきかける。

「また裏切られるかもしれないよ…」と。

信じていた人間に裏切られたときのダメージと言うのがこれほどのものだとは、この時まで知らなかった。できれば一生知らずにいたかった。

忘れたい忘れたい忘れなくちゃ…。考えれば考えるほど忘れられない。…悪循環。

こんな苦しさから救われたいと言う願いが通じたのか、神様は私に贈り物をくれた。それがこのあと生まれてくる娘である。


出産予定日を1週間ほど過ぎても私の陣痛は来なかった。

「次の日曜日までに陣痛がこなかったら、月曜日に入院の用意をして来てください」

あまり長い間赤ちゃんが母親の胎内にいるとよくないらしく、陣痛が来ない場合はバルーンを入れて、少しずつ産道を広げて陣痛を促すんだそうな。

ああ、でもできればバルーンなんかも入れたくないなぁ、と思っていたが、日曜日になっても陣痛は来なかった。

明日は入院かぁと母や祖母と早めの夕食を取っていた夕方、なんだかお腹がきゅーっと痛くなった。

ん？　なんかお腹が張るぞ。なんだ？　ああ、治まった。なんだったんだ。…あ、また張った。ちょっと痛い。あれ？　もしかしてこれが陣痛？

テレビドラマで見たのとずいぶん違うなぁ。ドラマとかだと、にこやかに一家団欒してると突然妊婦が「うっ！」とかお腹押さえてかがみこみ、「う、産まれるっ！」って苦しそうに言う。…そんなにドラマチックに痛くないぞ？　きゅうううううう。またお腹が張る。なんかお腹下してる時みたいな痛さ。そして何事もないように治まる。多分、これが陣痛なんだろう。へえ。陣痛って思ってたより地味なんだなぁ。

えらく余裕をぶっこいた妊婦である。何はともあれバルーンを入れなくてすみそうだ。

「えらいぞチビ。ギリギリで出てくる気になったんやね。めっちゃ親孝行や。…そやけど今日やったら休日やからちょっと高こつくなぁ。うーん。微妙」

初めての出産を迎えようとしているのに、そんなくだらないことを考えていた。

そうこうしているうちに、陣痛の間隔が少しずつ短くなってきた。初産はそんなに急には産まれないから大丈夫だとは思ったが、とりあえず足は確保しておかなくては。そんなわけで家に居る旦那に電話をした。

「あ、旦那？　陣痛来たみたい。もう少し間隔が短くなったら病院に行くから車出して」

「えぇ？」

「えぇ？　ってなんやのよ」

「いや、もしかしたらおかんがまた胆石が痛み出すかもしれへんから」

「え？　お義母さん、また具合悪いの？」

「いや。まだなんともない。そやけど痛なって連絡あったら大変やから」

おいおい。あんたの嫁は今から子供を産もうとしてるんですけどねぇ。しかもあんたの子なんですけど。

「私は今、陣痛が来てんねんけど？　迎えに来てくれへんの？」


「タクシー呼んだらええやん」


殺すぞお前…。いやいや、妊婦が物騒なことを考えてはいかん。

「なんであんたが車持ってんのにタクシー呼ばなあかんの。まだお義母さんなんともないねんやろ？　そこからここまで車で五分くらいやんか。迎えに来てぇや！」

「…はいはい」

ムカツキながら電話を切ると母に言われた。

「あんたの旦那、大丈夫か？」

…全然大丈夫じゃないです。

それから30分ほどかかって、ようやく旦那が車で迎えに来てくれた。母と旦那と3人で病院へ向かった。

病院へ着いたのが午後8時30分頃だったろうか。いろいろ機械をつけられて陣痛に苦しんでいると、看護師さんがやってきて言った。

「まだ産まれませんからお母さんとご主人は帰ってください」

え？　嘘？　普通は分娩室に入るまでついててくれるもんじゃないの？

母も旦那もイマイチ納得のできない表情でしぶしぶ帰る。…一人でこの痛みに耐えるわけ？

しかし元来我慢強い私は一人で耐えた。耐えましたとも。陣痛が来るとヒッヒッフーで痛みを逃し、泣きそうなほど辛くても声一つあげずに耐えていた。

でも一人で耐えるのはやっぱりさびしいよぉ(泣)。

私自身はいっぱいいっぱいで必死で耐えていたのだけれど、傍からはそうは見えなかったようだ。なんだか初産とは思えない、とても落ち着いた優秀な産婦だと思われていたらしい。

「初めてにしては落ち着いてるし、いきみ方も痛みの逃し方もすごい上手やったよ」

と、何人かの看護師さんに誉められた。母親学級なんか行かなかったけど何とかなるもんだ。

でも本当は傍で見ているほど余裕があるわけじゃなかった。痛くてなかなか生まれてこなくて、なのに何故かすごく眠くて、早く眠りたくて、心の中では「…もう切って出して…眠い…寝かせて…」なんて思ってた。

そして病院に着いてから約5時間後。自然分娩で無事に出産♪

よほど眠かったのか、私は産まれた娘が新生児室へ連れて行かれるのを見届けた後、ついに眠気に耐え切れず、分娩台でそのまま1時間以上爆睡してしまった。

目覚めると看護師さんが笑ってた。

「すごい余裕あるね」

…そ、そうですか？　だって眠かったんだもん。

「つかの間の幸せ」

出産後の旦那はそれはかいがいしかった。出産当日は会社を早退したのであろう、夕方の4時ごろには病院へやって来た。夕食時に出された食事を見て、

「こんなしょぼいメシで母乳でるんか？　あかんやろ」

そう言ったかと思うとそそくさとどこかへ出かけ、1時間後にハンバーガーやらクレープやらをたくさん買って戻ってきた。

「しっかり食ってしっかり母乳出しや」

「こんなに食べられへん(笑)」

「俺の晩飯も兼ねてるからな。一緒に食べよ」

「うん。あ、私チョコのクレープ食べたい♪　ある？」

「へいへい(笑)、買ってありますとも。ほーら、チョコバナナクリームやで～☆」

「わ～い」

少し前の浮気事件が嘘のようだった。何も知らない人が見たら、なんの問題もない幸せいっ

ぱいの夫婦なんだろう。

以前にも増して優しい旦那。生まれたての可愛い娘。何かから解き放たれたように穏やかな私の心…。このまま平和な日々がずっと続くんじゃないかと思っていた。そうであって欲しいと願っていた。

確かにしばらくは幸せな日々が続いたように思う。相変わらず旦那の金遣いは荒かったけれど、まだ私の中では許容範囲だった。私がほんの少し我慢をすれば、きっとこのまま幸せで平和な日々が続くに違いない。そう信じた。

しかし、運命の歯車はそんな私をあざ笑うかのように、少しずつ狂い始めていたのだった。

私は退院した後、1ヶ月ほど実家でゆっくりさせてもらうことにした。妊娠中はほとんど実家へ顔を出さなかった旦那だが、娘、ミラが生まれてからは顔を出すことが多くなった。

退院して1週間ほどした頃、旦那が可愛いリボンのかかった箱を持ってきた。

「私に?」

「ちゃう。ミラに」

リボンをはずし、箱を開けてみると、小さな貝の形をした入れ物が出てきた。中には小さな真珠のベビーリングが入っていた。

「いや~、かわいいっ。誕生石のリングやね」

「こーゆーの記念になるやろ」

「うん。ミラが大きくなったら喜ぶわ。18歳の誕生日に『パパがあなたが生まれたときに買ってきたものよ』とか何とか言って渡すん」

「なんで18歳やねん(笑)」

「いや、なんとなく(笑)」

結婚前、旦那は子供が嫌いだと言っていた。可愛がる自信がないとも言っていた。

その旦那が、娘を想ってプレゼントを買ってきてくれた。

この嬉しさをどう表現すればいいんだろう。

やっぱり自分の子供は別なんだね。ミラが生まれたこと、喜んでくれてるんだよね。

嬉しい嬉しい嬉しい嬉しい。

きっと大丈夫。これからはいい家族になれるよね。

早く家に帰って3人で暮らしたいよ。旦那…大好き!…なんてね。


帰宅後、厳しい現実が次々と襲い来ることも知らずに、甘い夢に浸る私であった。

「俺は泣かへんもーん♪」

「お金を粗末にしたらバチ当たるでっ！」

「はっはっは。そんなもん当たるわけないやろ。バチ当てれるんやったら当ててみいっちゅうねん(笑)。ほんならこれでどうや」

　旦那は私の手から一円玉を１枚取ると、「ぽいっ」と言いながら道端に投げ捨てた。

「何すんのっ！？」

　びっくりして一円を拾う私を、旦那は笑いながら見ていた。

「一円だって１０００枚集まれば１０００円になる」と言う私の考え方に対して旦那は、「一円は一円」と、まるで価値のない物のように考えていた。考え方の違いと言ってしまえばそれまでだが、たった一円でもお金はお金。それを軽んじているから、「何も考えずに平気で無駄遣いをしていたのかな」と思ってみたりする。

　そんなバチ当たりで小銭嫌いの旦那だが、初詣の時のお賽銭には、必ず五円玉を用意するように私に言っていた。

「お賽銭は五円やないとあかん。ご縁(五円)がありますようにって言うやろ」

　…なんか矛盾してると思うのは私だけ？

「一円とか五円とか邪魔やん。そんなはした金いらんわ」

　それは旦那と買い物に行った時のことだった。旦那がとある商品を買った。その時のお釣りは8円とかだったように記憶している。店員さんがお釣りを旦那に渡そうとすると、旦那はそのお金を見て、

「あ、いりません」

と言った。固まる店員さんと私。

「え…？　あの…？」

　店員さんは困惑しながら旦那を見つめる。

　すると、旦那は平然と言った。

「こんな小銭いらんから」

　そして商品を受け取り、その場から立ち去ろうとしたのである。

「え、あの、お客様っ！　困りますっ！」

　店員さんが旦那に叫ぶ。

「あ、私が受け取ります。どうもすいません」

　私は平謝りでお釣りを受け取ると旦那を追いかけた。

「もうっ。なんでお釣り受け取れへんのよ。店員さん困ってたやん」

「だって一円とか五円とか邪魔やん。そんなはした金いらんわ」

「はした金って、お金はお金やん。一円を笑うもんは一円に泣くんやでっ！」

再び訪れた悪夢

産後2ヵ月が過ぎたとある夜、1本の電話がかかって来た。

「はい。○○です」

「○○○(旦那の会社の名前)でお世話になってる北谷ですけれど、ご主人はいらっしゃいますか?」

若い女性からの電話である。

「いつも主人がお世話になっております。今、主人はお風呂に入っておりまして…。あがり次第こちらからご連絡させていただきますが」

「実は私、結婚することになりまして、ご主人に招待状を送りたいと思ったんですが、社員名簿に載ってる住所が以前のものですので、新しい住所を教えていただけますか?」

相手は以前の住所を告げた。

我が家は私が妊娠8ヵ月のときに引っ越ししていた。実は、当たらないだろうと思って申し込んだ賃貸の公団住宅に当たったのだ。以前の住居は住んでいた期間が非常に短かったせいもあり、その住所を知っているのは会社の人や友人など本当にごく一部の人だった。

旦那の会社の名前も合っている。前の家の住所も合っている。

「結婚式の招待状」という言葉が、警戒心を失わせた一番のポイントだったかもしれない。私はなんの疑問も持たずに住所を教えた。

風呂から上がってきた旦那にそのことを告げると、「ふーん？　誰やろ？」と少し不思議そうにしていた。その電話をきっかけに再び悪夢が始まることになるなんて、育児に必死になっていた私は気づくはずもなかった。

電話があってから1ヶ月ほど経った頃だろうか。買い物から帰ってきて郵便受けを覗いて見ると、少し大きめの白い封筒が入っているのが見えた。ミラを連れていたことと、荷物が多かったこともあり、まあ、旦那が帰ってきたときに持ってあがってきてくれるだろうと、その封筒をそのままにして家へ帰った。なんとなく「あ、あの時の電話の招待状かもしれない」そう思った。

夜、8時頃に旦那が帰宅した。思った通り、夕刊や郵便物を取ってきてくれている。

「ありがとう♪」

そう言って郵便物を受け取り、1通1通確認したのだが、取ってきてくれた郵便物の中には、何故かあの封筒はなかった。

…自分への招待状やから自分で持ってるんかな？　なんとなく気になった私は食事中にそれとなく旦那に聞いてみた。

「前に結婚式の招待状送りますとかゆうて電話あったけど、全然届けへんねぇ」

「あ？　いたずらやったんちゃうか」

ずずっと味噌汁をすすりながら普通に答える旦那。

「そっか…」

何かおかしい。絶対おかしい。

確信した私は旦那が風呂に入るのを見届けると、この数ヶ月することのなかった荷物チェックを始めた。

例の封筒は、封を切られた状態で旦那のカバンの中に入っていた。

…本当に招待状なのか？　そっと中に入っているカードを取り出し、その内容を読んだ私は固まった。

「HAPPY　BIRTHDAY」

封筒の消印を見ると、それは旦那の誕生日の日付だった…。

送られてきたそのカードは、結婚式の招待状なんかではなく、旦那の誕生日を祝うバースデーカードだった。

『HAPPY　BIRTHDAY！　もう私のこと忘れちゃった？　私はまだ大好きだよ。もし、まだ私のこと愛してるのなら連絡してね。絶対だよ！　待ってる　09-○○○○-○○○○』

そして最後に書かれていた名前は、まぎれもなくちーすけのものだった。

…なにそれ？「愛してるのなら」って…。

うちのバカ旦那はそんなことを言っていたのか。

何が「別にそんなに好きじゃない」だ。「好きって言われたからその気になった」だ。自分が「愛してる」とか口走るから、相手が本気になってるんじゃないか。

女も女だ。どうしても会いたいんなら私にわからないようにこそこそ会いやがれ！ 本気なんだったら「くれ」って言いに来い！ とりあえず何発か殴って、それから考えてやる！

以前の私ならここで、さめざめと泣いていただろう。しかし今回はなぜか涙が出なかった。悲しいよりも腹が立って腹が立って仕方がなかった。慣れたのか？ それとも母になったことで強くなったとでも言うのだろうか？ とにかく私はそのバースデーカードに書かれている電話番号をすぐに書きとめて、カードを元通り旦那のカバンの中に戻した。

タッチの差で旦那が風呂から上がってきた。私があのカードを見たことにはまったく気づいていないようだった。文章から察するに、どうやら本当にあれから会っていなかったようだが、これをきっかけに旦那がちーすけに電話をかけるのかどうか、とりあえずしばらく様子を見ることにした。

翌日、旦那を仕事に送り出したあと、例の電話番号に電話をかけてみることにした。別に直接文句を言おうとかそんなつもりは毛頭なかった。何かを確かめたかったのか？ いや、何も確かめられはしないけれど、とにかくかけてみたかった。

ゆっくりと確認するように電話番号を押していく。すぐに切れるような体勢をとりつつコール音を聞く。

つながった！

切ろうと思ったが、流れ出した無機質なメッセージに切るタイミングを失い、そのまま聞いていた。…ポケットベルだ。

そう、その電話番号はポケットベルの番号だったのだ。なんだか拍子抜けした。

旦那は今日、この番号に電話をするのだろうか。2人はまた始まってしまうのだろうか。

そしてまた憂鬱な日々が始まった。

旦那がちーすけに連絡を取らない…とは思えなかった。理由はわからないが嫌な予感がしていた。あの手紙を見つけた次の日から、私は久しく行っていなかった荷物検査を再開した。ミラが生まれてから荷物検査を再開することになるとは、正直思ってもみなかった。

旦那がちーすけに連絡をしなければ何も起こらないのだから、何も出て来ないだろう。

もちろん、何も出てこなければその方がいい。もし、またちーすけと始まったとしても、旦那には前科があるわけだから、簡単に証拠なんか残さないだろう。それはそれでいいのかな…と思ってみたりもした。私が旦那を信じていればそれで丸く収まるのかもしれない。知らなければ苦しむこともない。

とりあえず1週間、こっそり荷物検査をすることにした。これで何も出てこなければ深追いはするまい。それ以上旦那を疑っても何も良いことはない。不安と期待の入り混じったなんとも複雑な気持ちで私は荷物検査を続けた。

そして、あと1日で1週間と言うその日、私は旦那のカバンの中から、ポケベル専用の文字変換コード表のような物を見つけてしまった。なんと言えばいいのだろう。ショックとか腹が立つというよりも、旦那の学習能力のなさにただただあきれるばかりだった。

ポケベルの文字変換コード表を持っていたからといって、それがちーすけとの連絡用とは限らない…。この期に及んで、まだそんなことを考えてみたりもした。ミラがいなければ、確実に自分自身で旦那の尾行したり、ちーすけのことを調べたりしただろう。

とはいえ、ミラがいることで、私の気がまぎれていたのも事実である。この時期にミラがいなければ私はどうなっていたんだろう。前以上に荒れていたんだろうか？　ストーカーのように旦那やちーすけの後を付け回して、惨めな思いをしていたんだろうか？　何もかも捨てて離婚？　ミラの可愛い寝顔を見て思う。


「普通の幸せな家庭が欲しいなぁ…」

世の中にはたくさんの幸せな家庭があるのに、どうして私の家庭は幸せじゃないんだろう。

多くは望まない。普通に幸せになりたい…。

結婚してから「普通に」と思うことが増えた。だが、普通に生きていくと言うことが、実は一番難しいと言うことに、この頃はまだ気づいていなかった。

…普通の旦那が欲しい。でも、それが一番難しいのかも…。

あれからも旦那の荷物検査を続けるが、なかなか証拠らしき物は見つからない。絶対に何かあるはず。何かないか何か…。

私は旦那がHの前にえらく下着を濡らすことを思い出した。そしてとんでもないことを閃いた。それは旦那のトランクスを調べると言うこと。

旦那は興奮するとかなり多くのカウパー氏腺液（俗に言うがまん汁のこと）を分泌する。Hの直前までトランクスを脱がない旦那の股間はいつも濡れていた。乾くと、さぞその部分はごわごわしていたことだろう。逆に言えば、興奮しなければそこまで下着を汚すこともない。下着にその形跡があったら、浮気に限らないが何か性的に興奮するようなことをしてきたと言うことである。

この方法で本当に証拠が見つかるかどうかはわからない。だが、何もしないよりましだと思った。こんなことまでしようと考える私の精神はかなり病んでいたのかもしれない。いや、病んでいたんだろう。何もしないほうが救われたんじゃないだろうかとさえ思う。そこまでして知ってどうなると言うんだろう。

でも、そんなことも考えられないほど追い詰められていたと言うことか…。何はともあれその日から、持ち物検査に加え、旦那の下着チェックも日課となった。

早く帰宅する日は心配ないと思ってしまいがちだが、旦那はわりと簡単に仕事を休んで土日に振り替えてしまうほうなので、ちーすけと会う気になれば時間はいくらでもつくるだろう。油断は禁物だ。

早く帰宅しようがなんだろうが、一歩でも外に出た日は必ず検査は欠かさなかった。特にトランクスチェックは慎重に行った。無造作に触ってはわかるものもわからなくなる。トランクスを両手で広げてそっと優しくなでるようにして股間の辺りを探る。

時折微妙に手触りが違うことがある。これも何かの分泌物なのであろうが直径1㎝以下の物は特に問題としないこととした。

表から、裏からそっとなでる。こんなことをして本当にわかるんだろうか？　時々バカバカしく思ったりもしたがその時の私には、そんなバカバカしいと思えることでもやるしかなかったのだ。何も見つからない日はちょっと安心したりしたが、次の日にはまた不安になる。

チェックをしながら時折考える。

…浮気の証拠を見つけたいの？　見つけたくないの？

見つけたくないに決まっている。ならチェックしなければいい。そうすれば辛い現実を見なくてすむ。もしかしたら、私の勘違いで本当は浮気なんてしていないかもしれない。だとしたらこんなことするだけ無駄ではないのか？

無駄でもいい。浮気をしていないならそれでいい。**「今日は浮気をしていなかった」**という事実が、私にほんの少しの安心感を与えてくれる。このまま何も見つからなければ、いつか私の気がすむときが来るかもしれない。その日まではチェックはやめられない。

そんな日が何日続いただろうか。いつものようにトランクスをチェックしていると、明らかにいつもと違う手触りを感じた。

「…ん？　これはもしかして…」

血の気が引いた。

トランクスの股間部分よりもやや上部に、直径3～4㎝程度の大きさのゴワゴワした部分が見つかった。その場所は勃起したときに先っぽがあたる場所と思って間違いなかった。実際のところ、それがカウパー氏腺液なのかどうかはわからない。だが、他に説明のつけようがなかった。

「…あーあ…、見つけちゃったよ」

私は両手で広げたままのトランクスを見つめながら、しばらく呆然と立ち尽くしたのだった。

トランクスの汚れが、ちーすけとの浮気でついたものか、他のことでついたものかは正直よくわからない。だが、旦那が外で何かに欲情していたのは確かである。

腹が立つ、悲しい、悔しい。

気がつくとちーすけのポケベル番号を控えたメモを手にしていた。

平穏だった家庭に波風を立てたちーすけへの憎しみ…。

私は数字5つだけのメッセージをちーすけに送った。

番号を1つずつゆっくり押していく。

「4」「2」「7」「3」「1」

「4 2 7 3 1」

「シ ニ ナ サ イ」

死になさい…。

その時の私の本音だった。

「憎しみという感情」

トランクスのチェックはあの日以来やめた。これ以上続けても意味がないと思えたから。だが、持ち物検査だけは続けていた。証拠が出ても傷つくだけなのはわかっている。それでも調べずにはいられなかった。

いざという時の証拠集めと言う意味もあったが、それだけではなかったかもしれない。怖い物見たさとでも言うのだろうか？　証拠が出てきたとしたらショックなくせに、何も出てこなかったら少しがっかりした。それもこれも、浮気をしていると言うことが前提だからこその感情かもしれない。怒り、憎しみが私を支配していたような気がする。

何も知らずにいれば幸せだったかもしれない私に、挑戦状を叩きつけてきた女。ちーすけ。彼女が憎かった。いっそ死んでくれと思っていた。

ちーすけは数字のメッセージの意味に気づいただろうか？　私からだとわかっただろうか？　怒りの矛先が間違っていることはわかっていた。一番悪いのは旦那なんだと思う。いや、間違いなく旦那が悪い。それでも旦那でなくちーすけを憎んでしまうのは、やはりまだ旦那に惚れていたからなんだろう。

旦那を失いたくなかった。家庭を壊したくなかった。…家庭を壊そうとしているちーすけが憎い。その思いがあまりにも大きくなりすぎたのか、私は一日に一度、ちーすけにメッセージを送るようになっていた。

シニナサイ…。

私の叫びは彼女に届いていたのだろうか？

ある土曜日、旦那が休日出勤とかで会社へ出かけた。ここで本当に仕事なのかどうなのか疑うべきだったのかもしれないが、旦那は前回の浮気事件以降、極力休日出勤の回数を減らし、マメに連絡をとるなどして私に不安を与えないように努力をしてくれていた。そんな旦那を最初から疑ってかかるのも悪い気がして、仕事だと言う言葉を信じて送り出した。

午後2時頃だったろうか、旦那宛に電話がかかってきた。それは、姑がらみの不動産屋さんからの電話だった。相手の人はなるべく早く旦那と連絡を取りたがっていたので、私から旦那にその旨を伝えることを約束してその場は電話を切った。私は急いで会社に電話をかけた。

RRRRR　RRRRR　RRRRR
何度電話を鳴らしても旦那は出ない。おかしい。休日出勤じゃなかったのか？　何で会社にいないの？　もしかして今帰ってる最中なのかもしれない。少し好意的に考えつつも、私は不安で一杯だった。

まさか、ちーすけと会っている？

旦那とは連絡がつかないまま夜になり、帰ってきたのは8時を過ぎていた。

「おかえり、遅かったね」

「おう。大変やったわ」

「会社に電話してんけど居てへんかったね」

「え？　何時ごろや？」

「3時30分ごろかな。不動産屋さんから電話かかってきて、急ぎやって言いはるから電話したのに居てへんねんもん。何してたん」

実際は2時すぎだったが、ちょっと時間のサバを読んでみた。かかるか？

「ああ、ほんならちょうど出かけたとこやってんなぁ。俺、3時前くらいに会社出たから。河本先輩（男）も出社してて、仕事終わったから一緒に遊びに行っててん」

いとも簡単に引っかかった…。あほやん。旦那が風呂に入るのを待って持ち物検査を始めた。

「何か残っているに違いない」

理由はわからないが確信のようなものがあった。

何か何か何か何か…。探す探す探す…。カバンの中、財布の中、シャツのポケット、ベストのポケット、内ポケット、ズボンのポケット…。

そして1枚のレシートを発見。それは飲食店のレシートだった。昼の12時過ぎに2名で利用している。レシートがあるということは、旦那が支払いをした訳である。河本先輩が旦那におごらせる訳がない。それは絶対にありえなかった。

さらに、どう考えても女が食べただろうと思われるようなメニュー。

「河本先輩はそんな可愛らしいランチ食わねぇよ」と一人突っ込みを入れてみた。

どうしてそのランチが「可愛い」とわかったか。そう。私はその店を知っていたのだ。旦那とデートしたときに何回か行った店。本当に学習能力がないんだから…。前回も、六甲牧場で墓穴掘ったくせにまた同じことしてる。


いい加減、私と行った所に浮気相手を連れて行くのはやめろっつーの!


付け加えて言うなら、その場所は、会社とちーすけの自宅との間に存在し、我が家とは間逆の位置にある。ちーすけと行ったことは間違いないだろう。

あきれた。旦那に対しては「あきれた」と言う感情しか思い浮かばなかった。そして怒りの矛先はちーすけへ…。

受話器を取り、慣れた手つきでポケベルの番号を押す。妙に冷静だった。そして、いつものようにメッセージを入れる。

「42731」

シニナサイ

初めて10回連続でメッセージを入れた。

「…ほんまに死んだらええのに」

ぼそっとつぶやいた。

と同時に旦那が風呂から上がってきた。「タオルがない」と旦那が呼んでいる。しまった！ チェックに必死になりすぎて用意するのを忘れていた。急がなくちゃ、また機嫌が悪くなる。

私はあわててレシートをポケットへくしゃりと押し込むと、笑顔の仮面をかぶり、タオルと下着を持って風呂場へと急いだ。

「隠された年賀状」

旦那とちーすけの問題が何も解決しないまま新年を迎えた。

お正月といえば、楽しみなのが年賀状♪ さて、そろそろ年賀状が入っているかな…と、下の郵便受けまで取りに行こうとすると、旦那が、

「俺が取りに行くわ」

と、言い出した。なんか変だ。

「ええよ。私が行くから」

「あかん！　年賀状を取りに行くのは俺の役目なんや！」

そう言ってさっさと年賀状を取りに行った。怪しすぎ。

年賀状を取りに行っただけなのに、何故か旦那はしばらく戻って来ない。エレベーターを待ったとしても、こんなに時間がかかるわけがない。

しばらくして戻ってきた旦那はご丁寧に、自分の分と私の分を分けて持ってきた。自分に来た年賀状をそそくさと隠すのかと思いきや、普通にその辺に置いた。見られても平気ということか？　でも、私は納得していなかった。

夕方、旦那がうたたねを始めた。こうなると1時間くらいは爆睡する。旦那がぐっすり眠ったのを確認すると、私は旦那のスクーターのキーを持って駐輪場へ行った。スクーターはいつものように、U字ロックをかけ、盗難防止アラームを付け、思いっきりカバーをかけてある。「誰も触るな」と言わんばかりの厳重さである。「絶対に何か隠してる」そう思った。

このスクーターの中に何か隠してある。

そんな気がしていた。いや、ほとんど確信していた。

揺らさなければアラームは鳴らない。そーっとカバーをめくり上げ、ゆっくりと座席の下のメットインになっている部分に鍵を差し入れ、開けた…。

大当たり。思った通り、ちーすけからの年賀状が隠してあった。

「A HAPPY NEW YEAR☆ 今年もいっぱいいっぱいよろしくしてね♪」

旦那、わかり易すぎ…。もう少し上手に隠せないもんだろうか。

それとも見つけ出す私がすごい？

年賀状には住所と電話番号が書かれていた。ん？ この住所…。

ちーすけの住所は社員名簿で知っていた。家がスナックを経営しているとかで、店の上が住居になっていると以前旦那が言っていた。だが、この住所は全然違う場所になっている。普通のマンションの住所…。

もしかして一人暮らしを始めた？ だったら旦那に会い放題ってこと？

「思い通りになんてさせてやらない…」

そう思った。

私は年賀状をバイクには戻さなかった。こんな物が旦那の手元にあると思うだけで不愉快だった。旦那はまだ寝ている。

「詰めが甘いねん!!」

そうつぶやきながら私はちーすけからの年賀状を、自分の日記に挟み込んだ。

年賀状を隠した旦那の態度にあきれ、ムカついた。堂々と年賀状を送ってきたちーすけにもムカついていた。でも私は笑っていた。

ちーすけの家の電話番号が手に入った…。

「とてもお似合いですよ」

と言ってくれたので
「いやぁ、足が太めなのでちょっと恥ずかしいかな」

　なんて会話をしていたら思いっきり旦那に睨まれた。店員さんがいなくなった時、旦那は思いっきり口をゆがめて、歯を食いしばり、眉間にしわを寄せ私に言った。

「みっともないからしゃべんな！」

　普通に会話してるだけなのに…。

「みっともない。恥ずかしい。しゃべんな。黙っとけ！」と怒られ、軽蔑したような目で睨みつけられる。そんなことが繰り返し行われていくうちに、私はだんだん旦那の顔色を伺いながら行動するようになっていった…。

「みっともないからしゃべんな！」

私をよく知る人たちは私のことを「明るくて、賑やかで、面白くて、しっかり者」と言う。だが姑は私のことを「おとなしくて、ぼーっとしていて、愛想の良い人」だと思っていた。なぜこんなに評価が違うのか？　姑の前では猫をかぶっていたから？　まあ、多少はそれもあるだろう。だが大きな理由は他にあった。大きな理由、それは「私が何か話そうとすると旦那が睨みつけるから」。

例えば姑が、旦那は独身時代こんな風だったとか話し始めたとする。そこで私が「今はこんな感じですよ」と話に乗ると、旦那が眉間に思いっきりしわを寄せ、歯を思いっきり食いしばって見せ、
「余計な話をすんな！　殺すぞ」
と言わんばかりの目で睨みつける。もちろん姑からは見えないようにである。そして後で思いっきり文句を言われる。
「うざいから余計なことしゃべんな！　はいはい、ゆーて笑っといたらええんや！」

そして私は、微笑んで相槌を打つだけとなる。ぼーっとした嫁と思われても仕方ないわな。

外出先でも旦那は私を睨みつける。

洋服を買いに行った時のこと。試着していると店員さんが来て、

いたずら電話をかける

いつものようにちーすけのポケベルへメッセージを入れようとすると、その番号が使われていないとのメッセージが流れた。そりゃそうだろう。普通はもっと早くそうするよな。今まで解約しなかったのがおかしいくらいだ。

一人暮らしになって連絡を取りやすくなったから解約したのか？　それとも新たなポケベルを作ったのか？　事実はわからないままであるが、そんなことはどうでもいい。

さて、ポケベルがなくなった今、ちーすけへメッセージを送るすべがなくなってしまった。直接電話をかけて話すのは最終手段だから使いたくない。つーか、話したくもない。

で、どうしたか。

そういえば以前、誰かさんのイタ電にずいぶん悩まされたなぁ…。結構きつかったよなぁ。やっぱり「目には目を」かぁ？　てなわけでやってしまいました。

イタ電。

最初は普通にかけてみた。

RRRRR　RRRRR　RRRRR
うわぁ。なんかドキドキする。カチャ☆

「はい」

ちーすけの声だ。ガチャン☆　ドキドキドキドキドキドキ…。

あかん。心臓に悪い。…でも、もう1回かけてみよう。

RRRRR　RRRRR　RRRRR　ガチャン☆

今度はちーすけが出る前に切ってみた。それを何回か繰り返していると留守電になった。

留守電になるってことは一応つながってるわけだから、通話料かかってるんだよなぁ。それはもったいない(ここら辺が主婦やね)。てなわけで、今で言うワン切りを十連チャンくらいしてみた。ちーすけはさぞ嫌だったことだろう。私だったら嫌だ(笑)。

でもその時はちーすけの気持なんてどうでも良かった。私にとってちーすけは敵だったから。土足で私のテリトリーを踏み荒らす傍若無人な侵入者。敵で、害虫で…ただの邪魔者でしかなかった。

連続ワン切りをやるのは「旦那と会ったのでは?」と思われる日だけにした。それが精一杯のメッセージ。たぶん、ちーすけには伝わらなかっただろうけど。

こんなことがいつまで続くのやら。どうすれば、旦那とちーすけは別れるんだろう…。

悶々と悩む私の前に、意外な人間が救世主となってあらわれたのだった。

「姑の前でマジ泣き」

「最近あなた達どうなの？」

「ど…どうって…」

ドキッとした。旦那が不倫していることを知っているのかと思って驚いた。

「ほら、あなたたち家へ来たときに、ひろちゃんがなんかいつも不機嫌でしょ？　だから上手くいってるのかしらと思って心配してたのよ」

姑は、私達が旦那の実家へ遊びに行ったときに、私の口数が少なく、何かを言おうとすると旦那に遮られる様子を見て、夫婦仲が上手くいっていないと思って聞いてきたのだった。

何だ…そのことか。…はははははは。ふぅ（タメイキ）。

「まあ、あの子はやさしい子だから大丈夫だとは思うけど」

やさしい？　まあ確かにやさしいところもある。外面なんかは良すぎるくらいだ。

でも、本当にやさしい人間が不倫して妻を苦しめるのか？　好き勝手にお金を使って、家計は妻に任せっぱなしの男が本当にやさしいのか？　そう考えていると悲しくなってきた。

いかん、涙目になってきた。姑が私の異変に気づいた。

「どうしたの？」

「…裕己さん…」

「なあに？　裕己がどうしたの？」

「…裕己さん、不倫してるんです…。会社の後輩と…、結婚前からずっと続いてるんです…」

それだけ言うと私はわっ！　と泣き出してしまった。驚く姑。

「…あの子が？　そんなことを？　間違いないの？」

泣きながらうなづく私。

「裕己さんは気づかれてないと思ってるみたいですけど…、手紙とか見つけちゃったし…浮気相手からいたずら電話とかかかってきたこともあります…」

今までのことを説明する。もちろんトランクスチェックのことなんかは言わなかったが。

涙がぽろぽろこぼれる。もう顔中ぐしゃぐしゃだ。深くタメイキをつくと姑は私に言った。

「本当にごめんなさい。あの子がそんなことするなんて…何考えてんねんやろ、子供も出来たのにあほちゃうやろか。どうしてそんな風になっちゃったのかしら…。あんなええ子やったのに…。今ちょっと、あの子おかしくなってるんやと思うの。必ず目を覚ましてくれると思うから…本当にごめんなさいね」

そう言って姑は深々と頭を下げた。

「育て方が悪かったんじゃないんですか？」と言いたかったが、言えるはずもなかった。

その頃の私は、どんどん自分を追い詰めて、

「何もかも私がいたらないせいかもしれない」なんて考えはじめたりもしていたから。

私が落ち着いてきたあたりで姑が言った。

「私がなんとかするわ」

「いえ、裕己さんには言わないでください。私は知らないことになっているので…」

「悪いようにはせえへんから」

そう言い残して姑は帰って行った。

旦那の不倫のことは、自分の母と姑以外には話していなかった。母には、

「とりあえずしばらく黙って様子を見ていなさい」

そう言われた。友人に相談しようかとも考えたが、結婚して幸せそうな友人達に話せるほど、その時の私の心は強くはなかった。姑に話したのは多少は計算もあったと思う。姑は人一倍世間体を気にする人で、さらに言えば、見栄っ張りである。息子が不倫しているとなると、自分が恥をかくことになる。そんなことを許すわけがない。

姑に口止めをしておきながら、姑は必ず旦那にこのことを言うだろうことも理解していた。それがわかっていたからこそ、私は姑にすべてを話したのだろうと思う。

案の定、私が旦那の不倫の話をした夜、姑から電話がかかってきた。

「もしもし、桃ちゃん？　裕己帰ってるかしら？」

「帰ってますけど…。お義母さん、あの話は裕己さんには…」

「わかってるから。代わってちょうだい」

旦那に代わると、何かを言われているようだ。

どうやら、姑が明日の夜に家に来いといっているようだった。

「お義母さん、なんて？」

「ん？　なんかよおわからんけど、明日帰りに家に寄れって。あー、だる」

多分例の話だろうと思った。姑がどんな話し方をするのか気になったが、ここはとりあえず任せてみよう。そう思った。

翌日…。旦那はとても不機嫌な顔で帰宅した。ろくに私の顔も見なかった。口も利かない。おそらく姑がいろいろ言ったのだろう。どんな話をしたのか、旦那はなんて言っているのか、姑には何も確かめなかった。

姑がすべてを語るとは思えなかった。私の悪口も出たかもしれない。そんなことを私に言うとも思えない。なら聞かない方がマシだ。それに2人の会話の内容を少しでも知ってしまうと、態度に出てしまうような気がしたから。

私が姑に言わせたわけではない。悩んでいる私を見かねて、姑が自発的に注意をしたのだ。あくまでも私は何も知らない。そういう立場をキープしたかった。こんな私はずるいだろうか？

何にせよ、旦那は姑と私にすべてを知られていることを知った。旦那とちーすけの関係が、今回の件ですぐに解決するとは思えなかったが、何らかの変化はあるはずだと思っていた。

2～3日は不機嫌で口もきかない旦那だったが、4日目には普通の顔をして帰ってきた。その日から、帰宅が早くなったのは気のせいではなかったと思いたい。

かと言うとそうでもなく、いろいろなことを途中で投げ出すことも少なくはなかった。

「自分だって結果を出せないじゃないか」

と言ってやれば良かったのだろうか？

　しかし、そんなことを私が言うと、

「やっぱりお前は俺を馬鹿にしてる。見下げてる。はいはい。お前は偉いですよ」

などと責められるのではないかと考えてしまい、結局何も言えなくなる私なのだった。

結果の出ない
努力は
何の意味も無し
キッパリ!

「努力なんて言葉を使うやつはカスじゃ」

　旦那と、あることで話し合いをした時のことだ。

「私に悪いところがあるんやったら直すように努力するから！」

そう言った私に旦那はこう言い放った。

「努力なんかいらん。結果だけ出せ」

　旦那は「結果の出ない努力は認めない」という考えを持っていた。それは“何に対してでも”である。どれだけ努力したとしても、結果が伴わなければ何もかも無駄なんだそうだ。だから旦那は私に常に結果を求めた。そして旦那の求める結果を得られないときは、私を責めた。

「どうしてお前は俺の言うとおりにできひんのんや」と。

「結果がすべてじゃない。努力も認めて欲しい」と反論していた私だったが、当然旦那は聞く耳を持たない。

「努力なんて言葉を使うやつはカスじゃ」

そう言っていた。

　そうしていつの頃からか、「結果が出せない私はダメな嫁なのだろうか。どうして旦那の言うとおりにできないんだろう。私はどうしようもない人間なんだろうか」そんな風に思うようになっていった。完全に旦那の思うツボである。

　さて、そういう旦那自身のことだが、結果を100%出せるタイプ

SEXの誘いと拒否

生まれた子供の1ヶ月検診が終わった後、夫婦生活の許可が出た。夫婦生活って言い方はなんか遠まわしだなぁ。平たく言えばSEXのこと。どちらかというとHが好きな私である。いや…正直に言おう。私はHがとても好きである(笑)。そんな私なのでこの許可がとても嬉しくて、すぐに旦那に、「もうOKらしいよ!」と報告。旦那の反応は「ふーん」とそっけなく、もしかしてその日にあるかな? なんて思っていた私の期待を、見事に裏切ってくれた。

おかしいなぁ…。以前の旦那なら喜んで誘ってくるのに。

納得がいかなかったので後日、何気に聞いてみると

「母乳出てるから…おっぱい硬いし…乳臭いし…」

なるほど。そりゃあ嫌かもしれない。旦那はおっぱい星人だもんなぁ。おっぱい愛撫してて母乳がぴゅーなんて出たら萎えるかも。

ん？　ちょっと待て。そしたら私は離乳までHできないってこと？　うそぉ～。でも仕方ないか。今は育児も大変だし、ちょうどいいのかも。子育てしてたら1年なんてあっという間だよね。うん、きっと大丈夫。

無理やり自分を納得させた形ではあったが、私は断乳まで我慢することにしたのだ。

しかし…甘かった。返す返すも甘かった。断乳までだと思っていたセックスレスが、この先ずーっと続くことになるなんて…。

静かに、そして何の予告もなく、セックスレスな生活が始まった瞬間だった。

その後、断乳も無事終わり、胸のはれも引き、私の胸は柔らかさを取り戻した。授乳後は垂れるという話も聞くが、元々貧乳気味で、妊娠時もさほどサイズアップしなかった私の胸は、授乳前となんら変わりはなかった。体型も、妊娠前よりも痩せてスタイルが良くなっていたと思う。

だが、旦那からはSEXの誘いはなかった。

なんで？　どうして？　ちーすけと続いてるから？

元々H好きな旦那である。妊娠発覚までは、朝からでも誘って来ていた旦那が、ずーっと何もなしで平気なわけがない。だが、ちーすけと続いているかどうかはこの際どうでもよかった。私を求めて欲しかった。必要として欲しかった。でも旦那は求めてこない。

なんで？　どうして？　もう私に興味がないの？

私は意を決して旦那を誘うことにした。

休日の前の夜、ミラを寝かしつけた後、テレビを見ている旦那の隣に座った。ちょっと寄り添ってみたが旦那は無反応だ。旦那の手をそっと取り、私の胸へ当てる。

「もう母乳出ぇへんよ。元通りやで」

「ほんまやな」

軽くなでると、旦那は何もなかったように手を離した。くじけずにそっと旦那のひざに手を這わせる。私がしたい時の合図だった。

「そんな気分ちゃうから」

そう言って旦那は背を向けた。胸をえぐられるような切ない痛み。

その後、私が一人で泣いていたことを旦那は知っていたんだろうか?

ナンデシテクレナインダロウ…。

「屈辱の夜」

セックスレスに突入したと書いたが、実は一度だけ旦那が私の誘いを受け入れてくれたことがあった。何度も誘う私をかわいそうに思ったのだろうか？　それとも、ちーすけとのことが後ろめたかったのだろうか？

その時の旦那の真意はわからないが、旦那は早々に寝室へ行くと、私にパジャマを脱ぐように促した。以前のようにじゃれあいながら脱がしてくれることを期待していた私は、何か違和感を感じたのだが、久々に旦那と触れ合えることが嬉しくて言われるままに脱いだ。

キスも何もなく、いきなりフェラを求められる。正直なところ、私はその行為があまり好きではなかった。旦那しか知らない私は、誰に教えてもらうわけでもなく、何をどうしていいのやらよくわからなかったので、決して上手いほうではなかったと思う。そんな私の頭に手を添え、のどの奥まで来るように強く引き寄せる。苦しい。つらい。私にとっては少しも楽しい行為ではなかった。だが、その時の私は一生懸命口で愛撫を続けた。旦那が私を受け入れてくれたことが嬉しかったから。

旦那は私を布団へ寝かすと、指につばをつけ、おざなりな愛撫をほんの少しすると、まだ受け入れ準備が出来ていない私に無理やり入ってきた。以前の旦那とのSEXではありえないことだった。旦那はいつも愛撫は丹念だったし、無理やり入ってくることなんかありえなかった。

…痛っ！

言葉にはしなかったが痛かった。当然である。ほとんど濡れてないんだから。

ほんの2、3回動いた所で旦那がいきなり私から離れた。

「ごめん、あかんわ」

そう言って私を残し、シャワーを浴びに行く旦那。呆然とする私。

その時の私の惨めな気持ちがわかるだろうか？　私自身をすべて否定されたような感覚。心をひねりつぶされたような痛み。暗い闇の中に置き去りにされたような孤独感。それらすべてが襲いかかってきた。

戻ってきた旦那は、無言で布団に入ると私に背中を向けた。私は居たたまれず、ふらりとシャワーを浴びに行く。悔しくて、悲しくて、つらくて、涙が出てきた。熱いシャワーを頭から浴びながら声を殺して泣き続けた。

なんで？　何で？　ナンデ…？

私の心にまた傷が一つ増えた夜だった…。

あの屈辱的な夜のショックが大きくて、私はしばらくはそのことに触れないようにしていた。旦那はそんな私の気持ちに気づいていたのかいないのか、何事もなかったように普通に生活していた。おそらく、私がここまでショックを受けていることなど理解していなかったと思う。

私がSEXのことを持ち出さなければ平和だった。私が好きそうなケーキを見つけたと言っては買って帰ってきた。休みの日には一緒に外出する機会が増えた。週末にビデオを借りてきては2人で寄り添って見ていた。ミラを実家に預けて2人で出かけることもあった。

私が我慢すれば仲良しでいられるの？　私が自分の欲求を抑えていれば旦那はやさしいの？　それならば我慢してみようか。そんな風に考えてみたりもしたが、やはり日がたつにつれ、納得できない思いが沸々と沸きあがってきた。

なんで夫婦なのにSEXできないの？

よせばいいのに、懲りない私はある夜旦那に詰め寄った。

「なんでしてくれへんの？　もう私のこと好きと違うん？」

「なんやねんそれ？　そんなわけないやろ」

「ほんならちゃんと好きなん?」

「当たり前やんけ。そやから結婚してんねんやろ。お前のことイヤやったら、毎日きちんと家になんか帰ってけえへんわ」

「ほんならなんでしてくれへんの…」

この時の私はすでに涙声になっていた。涙がにじむ目で旦那を見つめると、その視線に反応するように、旦那は眉間にきゅうっとしわを寄せて言った。

「俺にもわからん…わからんけど、そんな気分になられへんねん」

本当に困っていると言うのが表情から見て取れた。でも、そんな答えで納得できるわけもなく、次の瞬間、これだけは言うまいと思っていた言葉を言ってしまった。

「…外で誰かとしてるから…家ではしたくないの?」

言ってから「しまった」と思ったが言ってしまったものはもう戻せない。旦那の顔を見ると更に不機嫌な顔になっている。しかし、攻撃的な顔ではなかった。

「してへんわっ! 今は誰ともなんにもない。休みの日も一緒におるやろ?」

確かに、チェックしてみてもそれらしい気配はなかった。

だが、そんなことはどうでもよかった。他に女を求めたとしても、私を一番に愛してくれているのならそれで良かったのだ。その証を私は一番わかりやすいSEXに求めた。だが旦那はそれはできないと言う。

「もう、一生せえへんの?」

「いや、そんなことはないと思う。またその気になることもあるんちゃうか？」

「その気にならへんかったら？」

「わからん」

「…」

「そやからしばらくそっとしといてくれや」

「…」

私はうなづくことも、それ以上追求することもできずに下を向いて涙を流し続けた。

…ヤッパリナットクデキナイヨ。

「残酷な宣告」

あの日以来、私からSEXを求めることは一度もなかった。「そっとしておいてくれ」と言われたことも理由のひとつだが、何よりも、また拒否されるのが怖かったのだ。しかし、仕事を始めてからの私は（そのころ、私は保険の営業の仕事を始めていた）、いろいろな男性から誘いを受けるようになり、多少は自分に自信を持てるようになった。

もしかしたら今の私なら旦那は受け入れてくれるのではないだろうか…？

そんな淡い期待を胸に、私は週末の夜に旦那を誘ってみた。結果は…みごと玉砕である。

ただ断られるだけならまだしも、

「したい、したいってお前おかしいんとちゃうか?」

と、旦那を求めること自体を否定されてしまった。

性欲のある私はおかしいのだろうか? 好きな人にSEXを求めることはおかしいことなのだろうか? 私は愛されるに値しない人間なんだろうか? そんな思いが私の心に溢れ出した。目に涙が滲む。泣いちゃダメだ。今日はきちんと話をしなくては。

「旦那はしたくないいん?」

「お前とどうこうって言うわけやなくて、したいと思えへんねん」

「自分ではしてんねんやろ?」

女と違って男はそうそう我慢できるものではないと私は思っている。SEXをしなかったとしても一人Hぐらいはするだろう。だが旦那はこう答えた。

「一人Hもしてへん。そんな気分に全然ならへんねん」

正直信じられなかった。だが、本人がしてないと言うものを「嘘だ」と決め付け、責めることはできない。

そして旦那は更に続けて言った。

「するのが怖くなったんや」

怖い? 何が怖いの? 私が何かしたんだろうか?

そう思っていると、とんでもないことを言い出した。

「子供ができひんと思ってたのに、結婚したとたんにミラができてびっくりして、怖くなったんや。急に父親やとか言われてもそんなん対応できひん。父親やからこうしろとかああしろとか出来るわけないやんけ。次もまたすぐに子供が出来たらどうしようとか思ったら怖いんや」

そんな風に思ってたの？　ミラを授かったときに喜んでくれたのは嘘だったの？

私は呆然とした。

「それにお前、ミラが出来てからあんまり俺のこと、構わんようになったやろ」

「そんなことないよ。ちゃんと旦那のことも考えて…」

「嘘つけ。何でもかんでもミラの次やんけ。今お前はミラ中心に動いてるやろ」

確かにミラの世話で、以前よりは旦那の方に手が回っていなかったかもしれない。だがそれは仕方のないことなのではないだろうか？

ミラはまだ小さくて私の手助けがなければ何もできない。自分一人で何でもできる大人である旦那のことが後回しになるのは、仕方のないことだと思っていたのだが、それがそんなにいけないことだったのだろうか？

それに、私は旦那をないがしろにしたつもりはなかった。旦那は認めようとはしなかったが、我が家は旦那中心に回っていた。そのことを一生懸命旦那に言うが、旦那は聞く耳を持たない。

「うるさい。言い訳すんな！」

その一言で終わりである。そしてこんなことを言い出した。

「もしかしたら、もう一生お前とはせえへんかもしれへん。そう思っといてくれ」

頭を殴られたような衝撃。

「ワタシトハ一生シナイ…」

胸がぎゅっと締め付けられる。言葉を発したいが、喉に詰まって出てこない。やっとのことで「じゃあ…どうしたらええんよ」と言った私に、旦那は信じられないことを言った。

「どうしてもそれが我慢できひんねんやったらしゃあないな。俺は離婚したくないけど、お前が離婚したいって言うんやったら、俺はそれでもええで」

その言葉だけでもショックだったのに、次の言葉は私の気持ちを粉々に打ち砕いた。

「外で誰かとしてきたら？　俺は別にかまへんで」

外で誰かとして来いって本気で言ってるの？　私が他の誰かに抱かれても平気なの？

我慢していた涙がぽろぽろ流れた。もう止めることは出来なかった。

「平気やないけど、俺ができひんねんから仕方ないやろ。好きにしたらええやん」

旦那の気持ちがわからない。私には浮気なんてできないと思っているから、わざと言っているのかもしれない。それでもその言葉はひどすぎる。

もう何の言葉を発することもできなくなっていた。何を言えばいいのかわからない。何を考えればいいのかもわからない。頭の中はぐちゃぐちゃだ。もっとも何かを言おうにも、泣きじゃくっている私はまともに話すこともできなかったのだが…。

泣き続ける私に背を向け、旦那は何事もなかったかのようにテレビを見始めた。私の存在がないかのようにテレビを見て笑っている旦那を見て、何かとても冷酷なものを感じながらも、私は愚かにもまだ旦那の愛を得たいと思っていたのだった。

増え続けるローン

当時、わが家には車が1台（黒のインテグラ）とスクーターが1台。そして250ccのバイクが1台、50ccのバイクが1台と、合計で4台もの乗り物があった。50ccのバイクは私が結婚するときに持ってきたもので、現金一括で買ったのでローンはなし。残りの3台は全部旦那の物。そして、全部ローンが残っていた…。それだけで月々どれだけの金額が出て行くか、なんとなく想像していただけただろうか？

そんな状況の中、ついにスクーターのローンが終わろうとしていた。これで少しだけど家計が助かる…と、喜んでいる私に旦那が唐突に言った。

「バイク買うから」

は？　なんですと？　今、バイクを買うと聞こえたのは私の幻聴？

「バイクって…何買うん」

「YAMAHA　TZR250♪」

「♪」じゃねえよ、このバカ旦那!

「ガンマ(250㏄のバイク)があるやんか」

「そやから〜、ガンマ売って〜、お前の50㏄売って〜、ほんで残りはローン組むんやんけ」

「やっとスクーターのローンが終わるのに!」

「1個ローンが減って、新しくローンを組む。チャラやんけ」

もうこうなったら旦那は止まらなかった。あれよあれよという間にバイクを売り、新しいバイクの手配をし、更に新しいバイクに合わせた5万円くらいのヘルメットも買いなおした。

私の可愛いバイクが売られてまたローンが増えて…。しくしくしくしく…。

当時、我が家には本当にお金がなかった。旦那の金遣いの荒さのおかげで、家賃、光熱費、旦那の小遣い、ローン、生命保険を差っ引いた生活費として使えるお金は1万5千円〜2万円くらいしかなかった。…よく生活できてたな私。母乳のおかげで粉ミルクを買わずにすんだのと、布オムツを使っていたのが幸いしたか。

ミラの服は自分で縫っていた。母の勤めていた会社が生地を扱っていた会社で、中途半端なあまり布をたくさんタダでくれたので本当に助かった。

一番お金がかかっていたのは晩御飯だろうか? 簡単な食事を出すと文句を言われるので、晩御飯には力を入れていた。もちろん、安い材料を使って、残り物が一切でないように、翌日やその先のことも考えながらメニューを考え本当に頑張っていた。

そんな私のお昼ご飯はいつもパンの耳だった。パン屋さんで時々1袋10円で売っているパンの耳を、2〜3袋買って、小分けして冷凍保存しておくのである。それをどうするか？　並べてケチャップとチーズをかけて焼いて、ピザトーストもどきとか、卵と牛乳に浸して焼いて、フレンチトースト風。普通に焼いてバターとジャムで食べる。揚げて砂糖をまぶすなど、工夫して食べていた。ミラの離乳食としても使っていた。

そんな私の苦労を知ってか知らずか、旦那の金遣いの荒さは一向に治る気配はなく、毎日お金のことを考えて悩んでいる私に、

「金のことばっかりゆうな。うるさい。うっとおしいんじゃ！」

と、冷たい言葉を投げかけた。私だってお金のことなんか言いたくない。誰が言わせてると思ってるんだろう。突然カードで、しかも翌月払いで、服やらバイクの部品やらを買ってこられたときの私の不安な気持ちをどうしてわかってくれないんだろう。

「結婚してからお前は口うるさくなった」と旦那は言う。

「じゃあ協力してぇや。生活費のこと、ちゃんと考えてぇや」

「それはお前の仕事や。お前やったら何とかしてくれるやろ(笑)」

ああ、この人は何もわかっていない。わかってくれようともしていない。私が何もかも背負い込まなくちゃいけないんだ。私が一人で頑張らなくちゃいけないんだ…。

納得はしていなかった。だが、私が逆らうと旦那は不機嫌になる。眉間にしわを寄せていつも私を睨みつけ、話しかけても汚い物をみるような目で一瞥してあとは無視する。

そんな雰囲気に耐えられなかった。旦那が不機嫌になるのが、私にはいつしか恐怖となって

いた。

私が我慢すれば…

私が努力すれば…

自分で自分を追い詰めていることに気づかないまま、旦那に振り回される生活は続くのであった。

「車のローンは終わったけれど」

インテグラ（車）のローンがついに終わった。やったね♪　ローンが1つ減って、私が保険の外交員として就職したので収入が少し増えた。ミラの保育料を払っても生活費に余裕ができる。よかったぁ〜。と、喜んでいたのもつかの間。旦那が突然こんなことを言い出した。

「パジェロを買う」

また訳のわからないことを言い出したよ、このバカ旦那は。

ローンが終わったとたんに何言ってんだか。

「実は俺は前からパジェロに憧れててん」

そんなことは初耳だ。

「スープラが欲しい。カッコええなぁ〜」と言うのはよく聞かされていたが、パジェロのパの字も聞いたことはない。流行り物が大好きな旦那のことだ。この頃RV車が人気だったので欲しくなったんだろう。

「ローンが終わったばっかりやのに、なんでまたローン組まなあかんのよ。絶対あかんからね」

「何ゆうてんねん。今までのローンがそのまま続いてると思ったら、全然平気やんけ」

「パジェロっていくらすんのよ」

「350万くらい」

あほかっちゅうねん。明らかにインテグラのローンより高くつくっちゅうねん！

あきれている私に旦那は平然と言ってのけた。

「大丈夫や。お前が働いて収入が増えてんから楽勝や」

ふざけんな！　私はそんなことのために仕事を始めたんじゃない。

生活が大変だから仕事を始めたのだ。

ムカツキながらそのことを告げると、旦那はにっこり笑いながら言った。

「まったく、そんなこと言って〜。パジェロ買ったらいいことがたくさんあるで〜♪　友達に自慢できるで。『あら、桃ちゃんのところパジェロ買ったの？　すごーい』って言われるで。優越感持てるで」

…いや、別に自慢する気も優越感持つ気もさらさらないんですけど。

旦那が友達に自慢したいだけなんじゃないのか？

「広いからゆったり乗れてええでー。そうや。お前のおかんとばーちゃんも一緒に乗って出かけたりとかできるやん」

…基本的にうちの実家とかかわるの嫌いやん。うちの実家に行くのも嫌がる旦那が、車に乗せてお出かけしてくれるわけないやろ。

「…で、他にはないん？」

「あるで。これが一番大きい」

「何？」

「俺の機嫌が良くなる♪」

…なんじゃそりゃ。なんだか頭痛がしてきた。

「とにかく買わへんから」

当然のことながら、そんなことであきらめる旦那ではなかった。ディーラーからカタログをもらってきて、毎日のようにパジェロの良さを私に必死で説明する。

「買わない」

そう言い続けている私についに旦那がキレた。

「なんやねん、あかんあかんばっかり言いやがって！」

そしてまたいつもの眉間にしわを寄せて黙って睨みつける。無言の圧力が始まる。空気が重い、睨みつけられて怖い、重苦しい雰囲気が辛い。これが始まると本当に辛い。自分は何も悪いことをしていなくても、**「自分が悪いことをしたからこんなに怒らせているのではないか…」**

と思ってしまうのだ。

そんなバカな。それは考えすぎだろうと思う人が多いだろう。しかし、この頃の私は完全に病んでいた。まともな判断力を失っていたと言っても過言ではなかったように思う。

その頃…いや、つい最近までまったく気づいていなかったが、当時の私は**「モラル・ハラスメント」**の真っ只中にいたのだった。

旦那の顔色を伺いながら、おろおろしている私に、畳みかけるように旦那はこう言った。

「あれから俺、ずっと真面目にやってるやんけ！　これくらいの楽しみがないとやってられへんわ！」

あれから…と言うのは、ちーすけとの浮気事件である。

とんでもない言い草である。浮気をしてないんだからご褒美に車を買えってか？　今の私なら「ふざけんなボケがっ！」とでも言い放つだろう。しかし、当時の私は完全に病んでいて、思考回路はまともに働いていなかったようだ。

「…確かに私が働きだして、ちょっと収入が増えたし、インテグラのローンが少し増えたと思ったら何とかなるかなぁ…。私が頑張ってやりくりしたら…。それで旦那が機嫌良くなるんやったら…こんな辛い思いせんでええねんやったら、パジェロ買ってもええかなぁ…」

そんな風に思ってしまったのだ。

ああもう。あかんやん、私っ！

私の許可を得て機嫌が良くなった旦那は、喜び勇んでディーラーへ出かけていった。インテグラは売って頭金にすることにした。年数のわりにあまり乗っていなかったインテグラは、走行距離があきれるほど少なく、またあまりの程度の良さに、中古車センターの人はかなり驚いていたようだ。結果的には通常では考えられないくらいの値段をつけてもらって、旦那は「俺ってすごい♪」と悦に入っていた。

届いたパジェロは何故かカンガルーバーやフォグランプなどのオプションが付いていて、価格も400万円ほどに跳ね上がっていた。

…おいおい。勘弁してくださいよ。霧も出なきゃカンガルーも出ないこの土地で、なんでそんな物が必要なんだか。

「かっこいいから」

…ああそうですか。

憂鬱な私をよそに、旦那は超ご機嫌だった。

「再会」

そんなある日のことだった。ミラを連れて近所のスーパーに買い物に出かけると、スーツ姿の男性が目に入った。その時間帯にスーツ姿の男性がいることは珍しかったので目に付いたのだが、あの後ろ姿、どこかで見たような…。

じっと見ていたので相手も何か感じたのだろうか？　くるりと振り返ると、まっすぐに私を見た。

次の瞬間、驚いたような、そして親しみを込めた笑顔で叫んだのだ。

「桃ぴーやんっ！」

「…しがぴー？」

スーツ姿の男性は、私の古くからの友人「しがぴー」であった。

びっくりした。こんな所で会うなんて思ってなかったから。

そう言えば、近所に越してきたってハガキが来てたっけ？

「うわぁ♪　めっちゃ久しぶり～。こんなトコで何してんの？」

「何してんのってスーパー来て泳ぐアホがおるかい。買いもんしに来たんや」

相変わらずである。

しがぴーは旦那とつき合っている頃からの友人で、結婚前はよく一緒に遊びに出かけていた。遊ぶと言っても食べ歩きがメインであったが。

当時、お互いに恋人がいたが決して浮気ではなかった。気兼ねせずにバカ話やら猥談ができて、食べ物の嗜好が似ている友人。男とか女とか、そんなことを考えずにつき合える友人。それがしがぴーだった。

ちなみに既婚。子持ちである。

「桃ぴー、えらい痩せたな？　ちゃんと食うてるんか？」

「ミラに栄養吸収されてたから(笑)。もう母乳飲まんようになったから、すぐ戻るんちゃうかな」

「ほんならええけど…。桃ぴーはもう少しふっくらしてる方がええで。しっかり食って太れ(笑)。ああ、そうや。せっかく近所に住んでんねんから、また連絡してこいや」

そう言って大きな手で私の頭をぽふっと叩くと、「ほなな」と、笑って立ち去った。

しがぴーのいつもの挨拶。懐かしくて嬉しかった。しばらく辛いことが続いていた私にとって、なんだか心がなごんだひと時であった。

また遊べたら楽しいけど、多分もう一緒に遊べないだろうな。小さな子供がいて、家庭がイマイチうまくいってなくて、こんな状態で遊んでる場合じゃないし…。家族ぐるみでつき合えればいいんだろうけど、旦那はそういうの大嫌いだし…。

「こうして疎遠になっていくんやろうなぁ」

そう思っていた私であったが、この再会から数ヵ月後、私がしがぴーに電話をかけることになることも、その後、しがぴーが私にいろいろと関わってくることになることも、この時点では知る由もなかった。

誰かさんが勝手に使ったカードの支払いやらローンの支払いに頭を悩ませ、お金がないから安いパンの耳で昼食をすませ、挙句の果てに浮気相手に高いプレゼントを買う旦那の尻拭いをする。…私のほうが苦労してるやん。

それでもそんなことを言ったら、また旦那が不機嫌になるのはわかっていた。これ以上、旦那が不機嫌にならないように黙って聞いていることしかできない私。

「あーあ、なんで俺こんな苦労しなあかんねんやろ」

そう言いながらため息をつく旦那の顔を見つめ、私は寂しさと切なさを感じていたのだった。

「お前は『苦労まん』やな」

ある日、旦那がこんなことを言い出した。

「よく『さげまん』とか『あげまん』とか言うけど、お前は『苦労まん』やな。俺、お前と結婚してから苦労ばっかりしてるわ」

はあ？　私はしばらく開いた口が塞がらなかった。「お前と結婚してから苦労ばっかりしてる」って、それを言いたいのはこちらである。

旦那の言う苦労とは何なんだろう？　自分の思うようにお金を使えないこと？　家庭に縛られて自由に恋愛できないこと？　結婚することによっていろいろな責任がのしかかってきたこと？　そのどれをとっても「苦労」と言うほどのこととは思えない。「俺はいろいろ我慢してる」と言うが、それも「苦労」なんかではないだろう。

結婚をしたら独身の時とは違い、思い通り行動することはできなくなる。我慢しなくてはいけないことも多くなるというのは、世間ではごく当たり前のことではないだろうか？　って言うか、旦那、欲しい物はカードで買うし、ローンでバイクやらパソコン買うし、結婚前から女作って浮気してたし、したくないからってセックスレスだし。めちゃめちゃ自由やんっ！　何を我慢してるんだか教えて欲しいもんだ。

旦那が苦労してると言うのなら、私はどうなんだと問いたい。

嫁の家出

私はたいてい、夜眠ると朝まで目覚めない。途中で目覚めたとしても、すぐにまた眠ることができる。そんな私だが、この日だけは違っていた。

明け方の4時30分頃だっただろうか？　目が覚めて時計を見ると、まだちょっと起きるには早い。もう一度寝ようと目を閉じる。…眠れない。なんでだろう。ますます目がさえてくる。目をつぶっても睡魔が襲ってこない。決して夕べ早く寝たわけではないのに。

そんなことを考えながら天井をぼーっと見ていた。どのくらい時間が経っただろう。突然地面が揺れだした。地震だ！

大阪の方ならわかるだろうが、大阪はそんなに地震の多い地域ではない。震度1でも「うわぁ、地震だ。びっくりした」と思うくらい、地震には慣れていなかった。ところが、このときの地震はそんなかわいいものではなかった。家全体が大きく揺れる。グワングワン揺れるといった感じだろうか？　起きようと思っても恐怖と揺れで起きることが出来ない。

そう。この日は1995年1月17日。阪神・淡路大震災である。

どうしよう。どうしよう。ミラは何も気づかずに気持ち良さそうにぐっすり眠っている。そう言えば、旦那は地震の直前に目が覚めるという、珍しい体質の男である。もしや起きている？　と見てみるとやはり起きていた。半笑いで天井を眺めている。なぜ半笑い？

泣きそうな声で旦那に声をかけた。

「旦那…」

旦那は私のほうを見ると「あ、起きてたの？」と言う顔をして、がばっと起き上がり、私とミラの上に覆いかぶさった。正直びっくりした。そんな風にされるなんて思ってなかったから。…守ってくれてるんだ。嬉しかった。なんだかんだ言って大事に思ってくれていたのか。揺れの恐怖と、守られている幸せという複雑な思いのまま、揺れが収まるのを待っていた。

揺れていた時間と言うのはほんの数分なんだろうが、何十分にも感じられた。私が地震の前に目覚めて眠れなかったのは、この地震を何かで感じていたからだったのかもしれない。


地震がおさまってからテレビをつけてみると、関西はとんでもないことになっていた。高速道路が壊れてるよ？　ビルが倒れてるよ？　え？　そんなスゴイ地震だったの？　我が家をくるりと見渡すと、台所の壁に少しヒビが入っていて、一部の家具が2、3歩前進していることを除けば、特にこれといった被害はなかった。ああ、観葉植物が1つひっくり返っていたっけ。

テレビを見ていると余震が来た。この団地は大丈夫なんだろうか？　もっと大きい地震が来たらどうしよう。最初とは違って、テレビで惨状を見ているだけに恐怖感倍増だ。電車は当然止まっている。今日はどこの会社も機能しないだろう。

そう思っていると、旦那が出かける支度を始めた。

「どこ行くん？」

「会社」

「え？　会社行くの？」

「うん。バイクで行く」

「みんな今日、会社なんか行かれへんのちゃうん？　休んだら？　余震来たら怖いし…」

「大丈夫やろ(笑)」

なんでそんなことが言い切れるんだバカヤロー。

ミラと2人の時に、もっと大きい揺れが来たらどうするんだ。…そういえばミラはまだ寝ている。ホンマにええ根性してるなぁと感心。子供はこんなもんなんだろうか？

結局、旦那は私とミラを残して出かけていった。少し楽しげだったのは気のせいか？　その時私にはふと不安がよぎった。

もしかしたら、ちーすけの所へ行ったのではないか…と。理屈ではなく感覚でそう思った。

昼頃に旦那から「みんなから会社に来られへんって電話があったわ(笑)」と連絡が入る。

それなら早く帰ってくるのかと思えば、結局旦那が帰ってきたのは夕方になってからだった。

何してたの？　どこへ行ってたの？　また余震が来るかもしれないこんな状況の中、私とミラをほっぽらかして平気なの？　…聞きたいのに聞けない私。嫌な予感がどうしても拭いきれずに、私は久々に旦那が風呂に入っている間に持ち物検査をした。

ゴソゴソとカバンの中を調べていると、ちーすけ直筆の住所と電話番号を書いたメモが出て来た。家に行ったかどうかはわからないが、確実に今日、電話をかけたんだろう。

こんな日に何やってんだか。いや、こんな日だから連絡したのか。そこまでちーすけのことが心配だったの？　とりあえずメモは破いて捨てた。これを破いたからといって連絡を取れなくなるわけじゃないけど、そうせずにはいられなかった。

なんか疲れた。かろうじて持ちこたえていた私の気持ちは、この時我慢の限界を越えたのだった。

地震から2、3日経ってもテレビでは連日被害状況を流している。日が経てば経つほど、地震の被害の大きさを実感することになった。幸い私の家の周辺は被害が少なかったが、旦那の友人の家は半壊したという。私の親戚の家は全壊して避難所暮らしを余儀なくされた。余震はまだ続いている。

「また地震来るかもしれへんね」

横になってテレビを見ている旦那に言った。

「そやなあ。今度来たらこの団地もやばいかな」

「逃げれる用意とかした方がええんやろか？」

「そやな。カバン出すわ」

そう言うと旦那は、押入れの奥深くにしまってある、我が家で一番大きなカバンを引っ張り出してきた。

「そこに逃げるときの荷物入れときや」

そう言い残して旦那は風呂場へ行った。そして私はこっそり旦那の持ち物チェック…。服やらカバンを調べて、財布の中を見たときに私は凍りついた。

旦那はいつもバイクに乗るので、事故ったときのために、いつも財布の中に自動車保険の控えを入れていた。それは旦那にとってはとても大事な物で、どんなことがあっても必ず財布に入っていなければいけない、旦那にとってはお守りにも近いようなものだった。

その控えに旦那の手書きで見覚えのある電話番号が書かれていた。

「これ、ちーすけの家の電話番号や…」

昨日まではそんなものは書かれていなかった。今日、旦那が自分で書いたものに間違いなかった。

プツン☆

私の中で何かが切れた。旦那が自分にとって大切な物に、ちーすけの電話番号を書いた。

もちろん、ちーすけと連絡を取るためだろう。私があのメモを捨てたからだろうか？

「もうあかん…」

そう思った。

それくらいのことで？　そう思われるかもしれないが、私はもう限界だった。コップにたくさんの水を入れて、こぼれそうだけどこぼれない。表面張力でかろうじて持ちこたえている状態のところへ、水を1滴落としたような感じ。その1滴で、絶妙なバランスを保っていた水はコップからあふれ出した。もう戻せない。

風呂から上がってご機嫌に話しかけてくる旦那に、笑顔で答えながら私は決めていた。

明日、家を出よう…。

「いざ家出！」

その朝、旦那を送り出し、家の掃除と洗濯をすませると、私は家出の準備を始めた。夕べ旦那が地震が来たときのために出してくれたカバンに、私とミラの荷物を詰め込む。まさか、家出のために使うことになるとはね。「なんだか間抜けだなぁ」と思いながら荷造りを続けた。

どのくらい家出することになるんだろう。とりあえずは必要な物だけ入れていこう。足りない物は後で取りに来ればいい。どうせ徒歩でも30分もかからない場所なんだから。

極力荷物を少なくしたつもりだったのだが、ミラを連れて行くとなると結構キツイ重さになった。うーん。車があるといいんだけどなぁ…。家に車はあるが、実は私はおもいっきりペーパードライバー。運転したら確実に何人かひき殺すだろう。

私はミラを抱っこ紐で前に抱き、ベビーカーに大きなバッグをドスンと乗せ、更にもう1つの大きなカバンを片手に持って、ベビーカーを押しながら実家へ帰ることにした。抱いてるミラは重いわ、ベビーカーに乗ってる荷物も重いわ、重いカバンを持ちながらベビーカーを押すのがまた大変だわで、かなり大変な家出となったのだった。

いつもは散歩がてらに歩いていく実家への道が、えらく遠く感じたのは荷物が重いせいなんだろうか。数十m歩いては立ち止まり荷物を持ち直す。腕が痛い。ミラが重い。荷物が重い。ベビーカーが重い。うえーん。だが、なんとかかんとか実家までやって来た。

「ただいまー」と玄関を開けると、「遊びにきたんかー?」と、嬉しそうに祖母と母が出てきたのだが、てんこ盛りの私の荷物を見ると驚いて言った。

「どないしたん?」

母には旦那の浮気のことは話してあったので、大方の察しはついたようだったが、祖母は何も知らなかったので、何があったのかとかなりうろたえていた。

「ムカついたから家出してきてん。悪いけどしばらく泊めて」

「旦那には言って来たん?」

「ううん。書置きだけ残してきた」

そう。私はテーブルの上に手紙と、昨日の自動車保険の控えを置いてきたのだ。

「そんなにちーすけが好きなら、勝手にしてください」

それだけ書いて出てきた。旦那はどう出るんだろうか。少しは反省するんだろうか。それとも、私が居なくなったのをこれ幸いとちーすけと会うんだろうか?

どちらにしても何らかの連絡はあるだろう。まずはそれを待ってみることにしたのだが、それは大きな間違いであった。旦那にまともな対応を期待した私が馬鹿だったと思い知ることになるのである。


私は旦那から何らかのアクションがあるまで、家へ帰るつもりはなかったのだが、3週間も実家にいると祖母が焦りだした。私は初孫で、祖母にとっては自慢の孫だった。その自慢の孫娘をほったらかしにしている旦那への怒りが、日に日に強くなっていったようで、

「桃ちゃん。なんで裕己くんは連絡してけえへんのんや？　何考えてはるんやろうなぁ」

と、事あるごとに文句を言い始めたのだ。実家に電話がかかってくると私が出ることも多かったのだが、私が実家に帰っていることを知った人たちが、いろいろ詮索してきたのも祖母の苛立ちの一因だったようだ。

「旦那さんが長期出張中やから帰ってきてやんねん。ミラちゃんと2人やと物騒やろ？」

祖母はそんな風に説明していたらしい。別に正直に「家出してきた」って言ってくれても良かったのだが、自慢の孫娘が家出をしたなんて恥ずかしくて言えなかったのだろう。

母はどちらかと言うと私の家出を歓迎していた。そのままずっと居て欲しいとさえ思っていたようだったが、祖母の手前なかなかそうも言えず、「イヤやろうけど1回帰ったら？」と言い出した。

「えーっ？　自分で家出してきて旦那から何の連絡もないのに帰んのー？　なんかめっちゃ

悔しいねんけど」

「あんたの気持ちもわかるけど、このままずっとここにおってホンマに旦那から連絡あると思う？」

…それを言われると痛い。

確かに、このままずっと連絡がない可能性もある。旦那ならやりかねない。

「あんただけやったらええけど、ミラのこと考えたらとりあえず1回帰ったほうがええで。それでもあかんかったら、また家出してきたらええやん」

うーん…。祖母の苛立ちと、母の建前に背中を押され、私は不本意ながら家へ帰ることにしたのだった。家出のときは大量の荷物に四苦八苦したが、帰りは母がタクシー代を出してくれたので楽な帰宅だった。

鍵を開けて家へ入る。久々の我が家は旦那の匂いがした。塵1つなく、すべての物が整理整頓されてキレイに片付いた部屋。男の独り暮らしとはとても思えない。本当に掃除は上手だよなぁと改めて感心。

ささっと部屋を見て回るが、誰かを連れ込んだ形跡はなかった。まあ旦那の性格からして、この家に女を連れ込むことはありえないだろう。誰も信用していない旦那が、自分のテリトリーに浮気相手を連れ込むわけはない。

食事は相変わらずお弁当やら、レトルト食品を食べたらしい形跡があった。自分で作ろうという気はさらさらないらしい。電話を見るとランプがチカチカ光っていた。留守電が入っているようだ。聞いてみると10件くらいの留守電が入っている。旦那の友達やら私の友達。姑からのメッセージも入っていた。そのすべてが、「全然電話に出えへんけどどないしたん？　連絡ください」という内容だった。旦那は私が家を出てから誰からの電話にも一切出なかったのだろう。私がいるときにも電話には出ない人だったが、自分一人になっても出ないとは恐れ入谷の鬼子母神である。

それにしても、留守電を入れてくれた自分の友人にくらい電話を入れてもいいんじゃないだろうか？　もしかして、私がいないことを誰かに知られるのがイヤだったとか？

ありえる。ええかっこしいで人に弱みを見せるのが嫌な旦那のことだから、自分の浮気が原因で嫁に家出されたなんて誰にも知られたくないに決まっている。だったらとっとと迎えに来ればいいのに。それもプライドが許さなかったんだろうか？

とりあえず、私はカバンに詰め込んでいた荷物を片付けて、晩ご飯の支度をし、旦那の帰りを待つことにしたのだった。

旦那が帰宅したのは夜の7時過ぎだった。なんだ、結構まじめに帰ってきてるんだ。ちーすけとご飯でも食べてくるのかと思った。家に明かりがついていたので、私が帰って来たことはすぐにわかったようだ。

「おかえり」と言った私を無表情で見ながら、「帰ってきたんか」とだけ言い残し服を着替え始める旦那。おいおい。他に何か言うことはないんかい。

「なんで何にも連絡してけぇへんかったん。普通迎えに来たりするやろ?」
「お前が俺のこと嫌で出て行ってんやったら、俺が何ゆうたかて戻ってけぇへんやろ。お前はそういう性格やんけ」

…本当に女心のわからないバカ旦那だこと。

家出をした時に、たいていの妻は旦那が慌てて迎えに来ることを望んでいる。旦那が自分を必要としてくれているかどうか試している部分もあるのだ。どんなに腹が立っていても、平謝りで迎えに来る旦那に悪い印象を持つ妻はほとんどいないと言っても過言ではないだろう。

一度追い返されたからと言って簡単にあきらめるのも×。何度でも迎えに行くことが重要。本気で嫌われていない限り、必ず機嫌を直して戻ってきてくれる。

「こんなに愛してくれていたのか。まあ、こんなに一生懸命なんだし今回は許してあげようかな」

と妻に思わせたら旦那の勝ちである。男性の方。ここ要チェックね。

話はそれたが、旦那は元々オタクのモテナイ君だったので、この辺がまったく理解できていないようだった。

「で、ちーすけとはどうなってんのよ」

核心を突いてみた。

「どうもなってへんわ。お前が勝手に勘違いしただけやんけ」

相変わらず無表情である。

「勘違い？　ほんならあの電話番号はなんやのよ。わざわざなんであんなトコに書いてあるんよ。会社辞めてるちーすけの電話番号を書く理由は何？」

「ちょっと用事があったから…」

急に歯切れが悪くなる。そしてそれを誤魔化すかのように、少し怒ったように言った。

「そやけどもうホンマになんにもないで。それに関してはお前の勘違いや」

イマイチ納得しがたかったが、部屋の様子、食事の状況、電話機の状態、そして、今日もまっすぐ帰ってきたらしい様子から、私が家出してからは本当に会っていなかったんだろうと思った。

…ちっ。今回は許してやるか。でも迎えに来なかったのは非常にムカつく。私のこと、少しも心配じゃなかったんだろうか？

「…勘違いやったらなおさら迎えに来たらええやん。電話くらいできるやろ？　嫁が家出したらちょっとくらい心配するんが普通ちゃうん？」

「だって、元気そうやったから」

「え？」

「いや、お前とミラ、元気そうに歩いてたから、大丈夫なんやろうなぁって思って…」

どうやら旦那は私が家出した後、私の実家の近くをバイクでウロウロしていたらしい。遠くから私が買い物に出たりしている様子をこっそり見ていたようなのだ。ストーカーかよ(笑)。なんだよ。わざわざ私のこと見に来てたの？　だったら声かければいいのに。ついでに迎えに来ればいいのに。もしかして自信がなかった？　私に拒絶されるのが怖かった？

いろいろ考えているうちに、ちょっと可愛いと思ってしまった。

「あほちゃう？」

笑いながら言うと旦那が少し笑顔になった。

「うるさいわ。もう帰って来てんからええやろ？」

「まあね。ご飯出来てるけど…食べるやろ？」

「おう」

私は単純だ。こんなことで旦那を許してしまった。

でも、この日以来、旦那からちーすけの影は消えた。どうやら本当に別れたらしかった。

そんなわけでちーすけとの不倫話はここでおしまい。

「ちーすけ」とはね…。

ともあれ、私の最初で最後の家出は結果的には成功だったようで、ほんの少し旦那が優しくなったような気がした。

私を一番悩ませていたちーすけとの不倫も終わり、他にもいろいろ問題はあるにせよ、一生懸命頑張れば何とか乗り越えていけるんじゃないかなと前向きに考える私であったが、世の中は…いや、旦那はそんなに甘くはなかったのだった。

「嫁、倒れる」

いつものように仕事の営業先から会社へ戻り、職員さんや支部長と談笑しているときに、それは起こった。

なんだか頭がフラフラする。疲れているのかなと思っていると、今度は頭がガンガンと痛み出した。何やこれ？

「どうしたん桃ちゃん。なんか顔色悪いで」

ソファーで横になっていたが頭痛はますますひどくなる。更には吐き気までしてきた。なんかヤバイ。絶対に変だ。

「…支部長、なんか…あかんわ。すごい気持ち悪い…帰ってええかな？」

そのときの私の顔色は相当悪かったらしい。「ええから、早よ帰り」とみんなに言われた。支部長が送ると言ってくれたが、この日はたまたま旦那が休日出勤の代休を取っていたので、電話して迎えに来てもらうことにした。

「…旦那、すごい体調悪くて…悪いけど車で迎えに来てくれへん？」

「自分で帰ってこられへんのんか？」

「うん…ちょっと無理。ごめんやけどたのむわ…」

「ほんならミラを(保育所に)迎えに行ってから行くわ」

旦那が迎えに来てくれた頃には私の体調はますます悪化していて、倒れこむように車に乗り込んだ。助手席ではミラが心配そうに私を見ている。

頭が痛い、胸が痛い、おなかが痛い。私は後部座席で丸くなって苦しみに耐えていた。

家へつくと旦那が布団をしいておいてくれていた。こういうところはとても気が利く。ありがとう旦那。歩くのもフラフラだった私は布団に倒れこんだ。

服を着替える余裕もない。脱ぐだけで精一杯だ。体中の痛みはどんどんひどくなる。頭がガンガンして割れそうに痛い。吐きそうなのに吐けない。苦しい。胸が押さえつけられるように痛くて苦しい。息が出来ないような感覚。痛い痛い痛い。辛い。苦しい。あまりの辛さに涙目になる。風邪なんだろうか？　だとしても、こんなにひどい状態になったのは初めてだ。体をエビのように丸くして痛みをこらえようとするが、とても耐えられない。

ああ、だんだん寒くなってきた。熱も出てきたようだ。あまりの苦しさに声が出る。うめき声のような、なんともいえない変な声だ。

「うっ…くぅっ…。あっ…痛い…。苦しい…うぅぅぅ…。痛いよぉ痛いよぉ…」

そうこうしていると旦那が部屋に入ってきた。苦しみながら涙目で旦那を見る。

旦那助けて。苦しいよ。つらいよ…。

苦しすぎて、もうまともな声は出なかった。痛みに耐えきれなくて、体をうねうねと動かして苦しんでいる私を見ながら、旦那は信じられない言葉を発した。

「何やこいつ。気持ちわる」

信じられなかった。私が苦しんでいる姿を見て、「気持ち悪い」なんてどうして言えるのだろう。苦しさと情けなさで涙がぽろぽろ流れた。旦那は「晩に食うもんとか買ってくる」と、ミラをつれて買い物に出かけてしまった。

苦しい。痛い。吐きそうだ…。私は這いずりながらなんとかトイレへ行くと、何度も吐いた。このまま死んでしまうのではないか。そう思うぐらい辛かった。旦那助けて。旦那。旦那…。しばらくトイレで倒れていた。吐いたせいか、胸の痛みが少しやわらいだ。ふらふらと布団へ戻り熱を測ってみると39度もある。布団の中で丸くなり、ガタガタ震え、痛みに耐えながら私は旦那の言葉を思い出していた。

「気持ちわる」

私がのた打ち回っている姿は、そんなに醜かったのだろうか。私のことは心配ではないんだろうか。私は孤独感と屈辱感、そして体の痛みに包まれながら、

「…もうあかんかもしれへん」

そんな風に思っていた。それは私の体のことなのか、それとも私達夫婦のことだったのか…。

結局、私の病気はインフルエンザだったらしく、この日から1週間ほど寝込むこととなった。この後、旦那は一人で歩けない私を病院へ連れて行ってくれた。寝込んでいる間は、家の掃除や洗濯をしてくれたり、喉越しのよい食べ物を買ってきてくれたりと、何かと気遣ってはくれたのだが、「気持ちわる」と言われた時のことを思い出すと、素直に感謝することが出来なかった。

っかり手をすべらせて、ガラスのコップを１つ割ってしまった。
「ずっと隠しやがって！！」

私が割ったコップは、結婚してから旦那とディスカウントショップで買った、５個セットのごく普通のコップ。980円くらいの物だっただろうか。処分したことをいちいち旦那に報告しなければいけないなんて考えもしなかった。
「隠してるつもりなんかなかってんけど…」

いくら言っても旦那には言い訳にしか聞こえなかったらしく、その後もずっと「コップを割って隠してた」と言われ続けた。

旦那的に言わせると、セットで買ったものが、1つでも壊れたりしてなくなったら、その物の価値は失われ、無意味な物になってしまうんだとか。1個欠けてもコップはコップなんだから、使う分には問題ないのではないかと思う私は、ガサツで無神経な女なんだそうだ。

そしてその後、我が家では食器を割った時には旦那に申告することが義務付けられることとなった…。

「コップ割ったん隠してたやろ！」

　ある休日、旦那が台所でなにやらごそごそしている。何してるんだろう？　と思って見ていると、「ふぅ」とため息を一つつき、険しい顔で私の方へやって来て、少し怒ったような口調でこう言った。

「お前、俺になんか隠してることないか」

「ごめ～ん。ついうっかり…」

と、言いかけると、とたんに旦那が烈火のごとく怒りだした。

「ふざけんな。何がうっかりや！　なんで今まで何にも言えへんねん！　なんで隠してんねん！　お前最低や！」

　え？え？え？　私、そんなひどい事したの？　確かに一人でチョコレート、こっそり食べたのは悪かったけど…。泣きながら必死であやまる私。

「ごめんなさい…。まさかチョコ食べただけでそんなに怒るやなんて思ってへんかったから…」

「はぁ？　お前何のことゆうてんねん！　ちゃうわい！　そんなことどうでもええわっ」

「じゃあ何のことでそんなに怒ってんの？」

「コップや。お前、コップ割ったん隠してたやろ！」

「…あ！」

　確かに、2週間くらい前に洗い物をしているときに、ついう

旦那にとって家族とは？

とある日曜日のことである。旦那がミラを連れて車で15分程度の場所にある、某ショッピングモールへ行くと言う。んじゃ、その間に私は掃除をしておこうと言うわけで、家に残ったのだが、2人が家を出て1時間ほどした頃だろうか、旦那から電話がかかってきた。

「もしもしー。俺」

「ああ旦那？　どしたん？」

「ミラ帰ってきてる？」

はい？

えーっとミラは旦那と出かけて、その旦那はまだ帰ってきてないわけだから、帰って来てるわけがない。

「帰ってへんけど…何？　どーゆーこと？」

すると旦那はあせるわけでもなく、のんびりした口調で笑いながらこう言った。

「いや、電気屋でパソコン見てたらミラがおらんようになったから、もしかして家に帰ってるかなーと思って(笑)」

なんやとぉ？　それってミラとはぐれたってことかいっ！

「か、帰ってるわけないやん。ミラがここまで一人で帰ってこれるわけないやろ！　なんで帰ってるかもしれへんなんて思うんよ！」

「ほら。もしかしたら保育所の友達の家族とばったり会って、つれて帰ってくれてるかもしれへんやん」

あくまでも能天気である。

「そんなん、ばったり会ったとしても、誰かと一緒でないとそんなところ行けへんねんから、勝手につれて帰るわけないやろっ！」

「そっかー」

「んで探したん？」

「んー。探してんけど見当たれへんねん」

この人はなんでこんなに落ち着いているんだろう？　落ち着いているというより、ミラがいなくなったことを大変なことだと認識していないようにも感じられる。

「と、とりあえず警察に届けてっ！　確か広場の近くに交番があったやろ」

電話に向かって叫ぶ私に、旦那はのほほんとこう言った。

「なあ。警察に届けたら帰ってもいい？」

脚色でもなんでもなく、旦那は本当にこう言ったのだ。

ブチブチッ☆

切れた。切れましたとも。5、6本は何かが確実に切れた。

ぶちキレた私は大声で電話に向かって怒鳴りつけた。

「探しぃや！　見つかるまで帰ってくんなぁぁぁぁぁ！」

私の剣幕に驚くでもなく、マイペースな旦那はしぶしぶ、しゃあないなぁとかなんとか言うと電話を切った。そのままその場にへたり込む私。

ミラが迷子になった。見つからなかったらどうしよう。

うわぁ、泣きそう。

今すぐにでも探しに行きたい。でも、もし警察から連絡があったら困るし。もどかしい思いでイライラ、ハラハラ、そわそわして、家中をうろうろ歩き回る。あれから旦那からも連絡がない。きちんと探してくれているんだろうか。今どんな状況なんだろう。ああ、旦那はなんで携帯電話を持ってないんだ。

イライライライライライライライライライラ…。

1時間くらい経った頃だったろうか。電話が鳴った。旦那か？　警察か？

「もしもしー俺ー」

旦那だ。

「ミ、ミラは？」

「見つけた見つけた(笑)。電気屋とは違う階のゲーセン(ゲームセンター)におったわ」

「泣いてたん？」

「いいや。大きいスクリーンに映し出されてる格ゲー(格闘ゲーム)をじーっと見てた。自分が迷子になったことに気づいてへんかったみたいやで(笑)。ほな、今から帰るわ」

見つかってよかったぁ〜。普段、旦那が格ゲーしてるのを見てたから、同じだぁとか思って見てたのかも知れない。

それから十数分後、「ただいまぁ♪」と2人は能天気に帰ってきた。旦那の手には大きな荷物。それはおもちゃやさんのロゴが入った大きな袋だった。

「…何それ？」

「ミラが欲しいって言ったから」

それはテレビにつなげて絵本ソフトを入れ、テレビの画面に絵を書いたりゲームをしたり出来るというもので、1万円以上する高価なおもちゃだ。ソフトも3本買ったのね…。

「カードで買ったから♪」

またかよ…。一言相談してくださいよ、旦那さん(泣)。

このとき、私にはとある不安がよぎっていた。それは「旦那の子供に対する愛情」。

この不安は後々どんどん大きくなっていくこととなるのだった。

「旦那は片付け上手？」

旦那は部屋を片付けるのが得意である。

私は普通程度には片付けられるが、旦那ほど整理整頓が得意ではないので、すごいなぁと思うし、助かるところもたくさんあったのだが、ちょっとやりすぎではないかと思うことも多かった。

旦那はその辺に新聞が置いてあるのすら許せないようで、無言でバタバタと片付ける。無言なだけならいいが、時折私をにらみ付け、「ちっ」と舌打ちをすることもある。それをされると私はまた憂鬱になる。

「一言言ってくれればやるのに…」

すると旦那は言う。

「言われなできひんねんやったらしていらん」（※誰かに言われなくちゃできないのなら、してくれなくても結構）

その言葉でまた自己嫌悪に陥る。…私はなんて片づけが下手なんだろう。なんて気が利かない女なんだろう。

いつものように自分を責め、居たたまれなくなる。

そんな私をよそに旦那は片付け続ける。そのときに自分が不要だと思ったものは、何も考えずにポイポイ捨てる。新しく貰った社員名簿を何も考えずに捨ててパニクっていたこともあったっけ。

旦那の片付けた後は、まるでインテリア雑誌などに載っている部屋のようにキレイである。まるで人の気配がないと言うか、生活感のまったくない部屋のでき上がり。独身時代からそうだったのかと姑に聞くと、

「とんでもない。そんなにキレイ好きやなんて初めて知ったわ」

と、驚いていた。事実、私は独身時代に旦那の部屋に入ったことがあるが、普通に片付いた生活感のある部屋だった。旦那は言う。

「ここは俺の城やから、キレイにするのは当然や。散らかすやつは誰であっても許さん」

ミラが生まれても旦那の片付け方は変わらなかった。子供が生まれると、多少なりともそれらしい家になるものだが、我が家は子供の気配を感じられないくらい片付いていた。

ミラが1歳ぐらいの頃。物をこぼしたり、散らかしたり、よだれのついた手でその辺をぺたぺた触るミラに、旦那は烈火のごとく怒っていた。小さな子供がいる家は、多少は散らかって当然だと思うのだが、それを決して認めようとはしない。

マガジンラックに入れておいたミラの本を、勝手に捨てられたことがある。理由は、その本が破れていたり汚れていたりしていたから。

だが、その本はミラのお気に入りだった。月刊誌だったのでもう手に入らない。子供なんだから本も汚すし破れることもある。それでも気に入って読んでいるのだから、勝手に捨てると

いうのはどうだろう。

大泣きしているミラに旦那は言った。

「また別のん買ったらええやん」

…そう言う問題ちゃうやろ。

私もお気に入りの真っ白なハイヒールを捨てられたことがある。

履こうと思って探すと見つからない。

あれぇ？　と思っていると旦那がやってきた。

「どないしてん」

「うん。靴がないねん。ほら、あの白で前がクロスしてるやつ」

「ああ。あれやったら捨てた」

「え？」

一瞬わが耳を疑った。捨てた？　私のお気に入りのあの靴を捨てた？

独身時代に旦那が見立ててくれた、あの思い出のお気に入りの靴を捨てただとぉ？

「な、なんで捨てたんよ」

「いや、片付けんのに邪魔やったから」

どうして勝手に捨てるのかと怒る私に、旦那は「普段履いてへんから」と言う。靴や服には
よそ行きと言うものがある。「普段使ってない」と言う理由で、勝手にポイポイ捨てられたら
たまったもんじゃない。

「すごい気に入ってたのに。旦那が選んでくれたやつやし、履きやすかったし、すごい気に入ってたのにぃぃぃぃっ！」

涙目で抗議する私に旦那はこう言った。

「うるさいなぁ。また買ったらええやんけ」

ミラの時と同じである。同じ物なんか売ってないよ。それに思い出の靴なのに…。

「思い出なんか別にどうでもええやん」

自分が同じことをされて同じことを言われて、「そうだね」って言えるのか、このバカ旦那。

答えは「NO」だ。

旦那は、「俺は桃やミラの物を勝手に捨てても良いが、桃やミラに俺の物を捨てられるのは許せない」のである。

そんなこんなで本来なら感謝すべき旦那の片付け癖は、私とミラにとっては恐怖となることもあったのだった。

「ビデオは黙って観るべし」

旦那は、映画やビデオを観ているときに話しかけると激怒する。初めて旦那と映画を観たときに、話しかけてそりゃあえらい目にあった。

まあ、話しかけなければ何も問題はないので、それ以降はごく平和に映画やビデオを観ることができていたわけなのだが、そんな状況を理解できない人間が我が家にやってきた。そう、ミラである。

ミラは小さいがゆえに「旦那がビデオを観ているときは言葉を発してはいけない」というルールを理解できなかった。しかし、そのことを更に旦那が理解できていなかったため、一騒動起こってしまったのである。

その事件は「美女と野獣」のアニメビデオを、旦那が借りてきたことで起こった。

旦那が借りてきたそのビデオは字幕スーパー版。そう、旦那は「ミラと観る」ためではなく、「自分が観るため」に借りてきたのである。

そのこと自体は別に問題はないのだが、観始めた時間がよくなかった。旦那はミラが起きていてウロウロしているのをわかっていながら、部屋を真っ暗にしてビデオを観始めたのだ。

大好きなアニメが始まったのだからミラは大喜び。ただ、言葉が英語なのでミラには理解できない。字幕が出ているとはいえ、まだ小さいミラに読めるはずもない。必然的にミラは言葉を発する。

「パパ、こえ(これ)何?」

「うきゃー♪」

そしてテレビの前まで行く。子供の反応としてはごく当たり前である。普段のミラからすれば、まだおとなしいくらいである。

しかし、旦那が突然キレた。

「うるさいんじゃっ！　静かにしろっ！　ああ、くそっ。もう観るのやめじゃ！」

旦那の剣幕におびえて泣き出すミラ。そのミラを見てさらにキレる旦那。

「うるさいっ！　泣くなっ！」

いや、泣くなってそりゃ無理だろう。突然怒鳴りつけられたら泣くってば。おそらく、ミラは何で怒られたのかもわかっていないだろう。

「そんなん、急に怒ったかてミラもなんで怒られたかわかれへんやん。ちゃんと『静かにしようね』って最初にゆうたらええやん」

「子供は怒らなわからんっ！　お前みたいなことゆうてたら、ろくなガキにならんっ」

「そやけど…」

「ええから、ミラをとっとと寝かせろや！」

泣いているミラを慰めながら添い寝して寝かしつける。その間、旦那は不機嫌なままテレビを観ているようだった。

泣きながら寝てしまったミラを見て、ミラは悪くないのになぁと思いつつ旦那のところへ戻る。ミラが寝たことを確認して、旦那はビデオを最初から観始める。

…最初からそうしていれば誰も気分悪い思いしなくていいのに。だが、その一言を言えばまた旦那に怒鳴られるのはわかっていた。

不機嫌な旦那に意見をしてはいけない。まともな話し合いにならないだけでなく、必ずといっていいほど悲しい思いをすることになるから。

日々の生活の中で無意識のうちにそうしつけられていたのだろう。いつしか私は不機嫌な旦那に意見することを避けるようになっていた。

旦那の機嫌が直ればそれでいい。そんな風に考えるようになっていたのである。

そしてこの日も、ビデオを観終える頃には、旦那の機嫌はすっかり直っていて、私はほっとしたのだった。

こうして旦那に何も言えない私であったが、旦那がミラを叱るときに頭を叩くようになった頃から、私は旦那に意見するようになり、そのことが原因で、更に夫婦間に溝ができることになるのである…。

「子供のしつけと叱り方」

私は母親から、「子供を叱るときにむやみに叩いてはいけない」と言われていた。言ってもわからないときは叩くこともあるだろうが、それでも「頭は絶対に叩いてはいけない」と言い聞かされていた。

小学生くらいの頃に2、3度母に叩かれた記憶がある。そのときに叩かれたのはお尻か太ももだったが、結構痛くて印象に残っている。

「頭なんか叩いて脳に悪影響があったら大変だから、絶対首から上は叩くな」と言うのが母の考え方だった。

確かに、小さな子供の体を激しく前後に揺するだけで、脳に悪影響を及ぼし、最悪死んでしまうようなこともあるようだ。また、子供に限らないが、平手打ちされて鼓膜が破れたなんて事件も時々新聞に載ったりするので、母の言っていることは十分理解できたし、私も叱るときには頭は叩くまいと思っていた。

ところがである。

旦那はミラをいきなり怒鳴りつけ、時には言葉より先に頭を叩くのである。「バシーン」とそれは大きな音を立てて。

私がその光景を初めて見たとき、かなり驚いたのを覚えている。

私が「やってはいけない」と思っていたことを、旦那が目の前でいきなりやってのけたのだから。「なにすんねん!!」という感じである。

いきなりのことにミラは大泣きする。2〜3歳の子供がいきなり頭を叩かれれば、そりゃ痛いし驚くし怖くて泣くだろう。子供がそんな状態で更に怒鳴りつけられても、怖いだけでどうして怒られているのか理解できないと思うのは私だけなのだろうか。

とにかく私は旦那に言った。

「なあ、怒るのはええんやけど、いきなり叩いたり怒鳴りつけたりしたかて、ミラはなんで怒られてんのかわからへんやん。最初はきちんと『そういうことはしたらあかんで』って話して聞かせたらええんちゃうの？」

するとÓ那は今度は私を怒鳴りつけた。

「あほかっ！　子供なんか動物と同じやねんから、叩いたり怒鳴ったりしてしつけなわからんのんじゃ！」

いやいや…動物のしつけとは違うし。

「そやかてミラ怯えてるやん。犬とか猫と違うんやから、話したらわかるやん？　それでも言うこと聞けへんかったら叩いてもしゃあないけど…」

「叩かれて怖いから言うこと聞くんや。それでええんじゃ。俺はそうやってしつけられてきたっ！」

その教育方針の結果がこの旦那である。

「…ほんならせめて叩くのはお尻にしてあげてくれへん？　小さい子はまだ頭とか軟らかいねんから、なんかあったら大変やし…」

「尻なんか叩いたかて痛ないから効かへんわ」

大人の力で叩くわけだから十分痛いし応えると思うんだが、旦那は頭を叩くのが最善だと信じていたようだ。

「でも…」と更にお願いする私に、旦那はキレながらこう言った。

「なんでお前はいちいちミラの味方すんねんっ！　いっつも2人で組みやがって…。お前がそんなんやからミラもお前の方になつくんじゃ！」

なんだか子供が仲間はずれにされたような物言いである。叱り方をちょっと変えて欲しいと言うのが、ミラの味方をすることになるとは思ってもいなかったので正直驚いた。

2人で組むも何も、小さな子供が接する時間の多い母親になついたり、べったりくっつくのは当然のことではないのだろうか？

ミラは別に旦那を避けているわけでも、嫌いなわけでもないのにどうしてそういう発想になるのか、私にはいまひとつ理解できなかった。

しかし、旦那の怒りが倍増したのは事実である。私はそれ以上何も言えず、怯えたように泣き続けるミラを慰めることしかできなかった。

そうして、何度も旦那からそんな叱られ方をしているうちに、いつしかミラも旦那の顔色を伺うようになっていったのだった。

バカ旦那 迷・珍言集

「やさしそうなご主人ねぇ」と言っていた、先生や他のお母さん方に見せてやりたい姿である。

旦那は何が何でもミラの髪を切る気がない。だが、切らないと保育所から注意を受ける。板ばさみ状態の私とミラ。これを何とかすることはできないかと私は必死で考えた。

そして、試行錯誤の結果、ついに簡単で、ロングヘアでも絶対に乱れない髪形を開発したのだ。

1つに束ねるときは、なるべく高い位置で結ぶのがポイント。低い位置で結んでしまうと、昼寝の時に痛いのである。

この髪型にして以来、「乱れるから、不潔だから」という理由で髪を切るように言われることはなくなったのだが、「切った方が可愛い」と、やはり髪を切るように言われ続け、旦那と保育所のロングヘア抗争は続くのであった。

カラフルなゴムを使うと
可愛さ倍増☆

「髪の毛の短い女は女じゃない！」

ミラが保育所へ通うようになってから数ヶ月。先生(保育士)から、とあることを注意されるようになった。それは、「髪の毛を短くしてください」と言うこと。じつは旦那は「髪の毛の短い女は女じゃない」と言う考え方の持ち主である。それは、娘に対しても例外ではなかった。「絶対に切らせへんからな」と、取り付く島もない。

「髪の毛が長いと、他の子の顔に当たったり、食事のときに毛が落ちたり、いろいろと不潔だから」

そこで、ポニーテールにしてみた。ところが、ミラの髪は細いので、長時間遊んでいるとだんだんヘアゴムが緩んできて髪が乱れる。

「困ります。髪の毛を切ってください」

「…すいません。切りたいんですが旦那が…」

旦那が保育所に出向いた日は、先生が旦那にミラの髪の毛のことで説得を始める。旦那は家へ帰るなり眉間にしわを寄せてキレる。

「何やねん、あいつらは！　何でミラの髪の毛長いだけで文句言われなあかんねん。髪型なんか自由やろが。あほか。こっちは金払って預けてんねんから、うだうだ言われる筋合いはないっちゅーねんっ！　何が何でも髪の毛は切らへんからな」

一人っ子とセックスレス

「一人っ子はかわいそうよ。そろそろ2人目作らないの？」

この言葉を友人知人、親戚から言われたことのある方は少なくないのではないだろうか？

保育所のミラのクラスは、「ほんまに世間は少子化なんかいっ！」と言いたくなるくらい、兄弟のいる子が多かった。当時のクラスメートで今現在一人っ子なのは、うちを入れて3人だけである。5人兄弟なんてツワモノもいる。そういった状態なので、親しくなってくるとクラスのお母さんたちは遠慮なく私に言う

「そろそろミラちゃんに兄弟つくったげたら？　一人っ子やったらかわいそうやん」

私自身一人っ子だったが、特に寂しかったとか困ったというようなことはなかったので、一人っ子であることに問題があるとは思っていなかった。また、子供は授かりものだと思っていたので、できたらできたで喜ばしいことなのだが、強いてミラに兄弟姉妹を作ろうとも思ってはいなかったのだ。

そんな訳で、一人っ子でもかまわないとは思っていたのだが、胸を張ってそう言えない私がいた。

何故か?

そう、セックスレスだからである。作らないのではなく、作ることすらしてもらえない事実は、私の心に大きな影を落としていた。

「Hしてへんのに子供なんかできるわけないやん」

そう言えればどれだけ楽だっただろうか。当時、セックスレスであることをとても悩んでいた私は、誰にも相談できずに一人で抱え込んでいた。旦那に拒否されている自分がなんだか惨めで誰にも言いたくなかったのだ。後に「ああ、うちセックスレスやから(笑)」と、笑い飛ばせるようになったが、このときはまだそんな境地には至っていなかった。

「旦那が一人っ子でええって言うから」

そう言って笑うのが精一杯だった。

「そうかぁ。ミラちゃん可愛いもんなぁ。旦那さんミラちゃんにメロメロなんやろ? そやから次の子なんか考えられへんのかなぁ。目の中に入れても痛くないいんやろうなぁ」

いやいや、全然違いますから。

旦那はミラが生まれた後に、

「子供よりは嫁が大事。嫁はんは自分が選んだ女やけど、子供は俺が選んだ訳やなくて勝手に生まれてくるから」

と言い放った男である。子煩悩であるわけがない。

しかし、外面のいい旦那は確かに子煩悩に見える。にっこり笑ったときの人の良さそうな笑顔は、どう見ても子供好きにしか見えない。人間はつくづく外見ではわからないなぁと思った。

ミラの手を引き、帰宅の途につきながら、「ミラに兄弟かぁ…」とつぶやいた。

何回も旦那に拒否され続けていた私は、すっかりセックスの話題を出すのが怖くなっていた。

2人目なんてとんでもない。

…いや、待てよ。

「ミラが一人っ子やったらかわいそうやから、もう一人つくれへん?」

なんて話題を振ってみたらどうだろう?

「したい」と言うよりは生々しくないはずだ。その夜、私は旦那に話してみることにした。

ミラを寝かしつけた後、私はテレビを観ている旦那に言ってみた。

「ミラに兄弟って…どう思う?」

「不要や」

即答かい!

まあ、思っていた通りの答えだったので驚きもしなかったが。しかし、こんなところで引き下がるわけにはいかない。もう少し突っ込んで話してみることにした。

「兄弟がおったらミラももっとしっかりするかもしれへんよ。それに、将来私らになんかあった時、兄弟がおったらお互い支えあっていけることもあるやろうし…」

これは保育所のお母さんたちからの受け売りである。

この言葉を聞いた旦那は私の方を見ると、眉間にしわを寄せこう言った。

「兄弟は敵や」

…そうだった。

旦那は自分のお兄さんのことがとても嫌いで、普段から「敵」だと言ってはばからなかったのだ。

「うちの兄貴は極悪非道で、ずるくて、性格最悪のめちゃめちゃ嫌な人間や」

独身の頃から私は旦那にそう聞かされていた。だが、実際に会ったお義兄さんの印象はまったく違っていた。

頭は良さそうで（実際に良いと思う）、多少皮肉交じりに話す部分もあったがそれ以外はごく常識的で、どちらかというと自分を表現するのが不器用そうな朴訥な人だった。この辺は、外面のいい旦那とはずいぶんタイプが違っている。旦那が芸術家タイプなら、お義兄さんは技術者、研究者タイプといったところか。実際の仕事もそんな感じだった。そう言えば、

「俺はできが悪かったからできのええ兄貴と比べられてた。兄貴も親父も俺を馬鹿にしてた」

と言っていたことがある。それが本当かどうかはわからないが、旦那のお兄さんへの憎悪はコンプレックスから来たものだったのだろうか？　実際のところはわからないままである。

ともあれ、「兄弟は百害あって一利なし」と言う考えを持っていた旦那は、兄弟は不必要だと考えていたのだ。

…でも、世の中そんな兄弟ばっかりじゃないんだけどなぁ。

「世の中には仲のいい兄弟もいてるよ？　ミラは女の子やし、男だけの兄弟とはまた感じが違うかもしれへんし」

するとと旦那はさらに眉間にしわを寄せてこう言った。

「また女の子が産まれたら嫌やからいらん。絶対に男の子が産まれるんやったら作ってもええけど」

「いや…絶対にって言うのは無理やろ？　それこそ人工授精でもせなあかんのちゃうん？」

「そうやな。そこまでして子供はいらんから、やっぱりミラに兄弟はいらん」

「ちょ、ちょっと待ってぇや。なんで女の子やったら嫌なん？」

「今でもお前ら女同士でグルになってるやんけ。これ以上女が産まれたら嫌なんや」

「グルって…小さい子供が母親にくっつくのは当たり前やん」

「何でやねん。俺かって一生懸命ミラにいろいろしてるやんけ！　頑張ってんのにお前にばっかりなつきやがって…なんかアホらしなってきたわ」

なんやそら？　親としてその考え方は何かおかしくないか？

「パパ嫌い」とか言われても、くじけずに娘LOVEの父親を私は何人も知っている。

「別に旦那を嫌ってるわけちゃうやん。どっちかって言うとママのほうが好きなだけで…」

そう言いかけた私の言葉をさえぎるように旦那は話し始めた。

「それに、女の子は面白ないわ。大きくなっても一緒に遊ばれへんしな。ラジコンとかバイクとか、男の子やったら一緒にいろいろできるのになぁ。そやから、絶対に男の子ができるんやったら子供作ってもええわ。少しでも女の子ができる可能性があるんやったら嫌や。あーあ、ミラが男やったらよかったのに」

…こらあかんわ。

そう思った。多分旦那はミラが男でも同じようなことを言っただろう。

「男はうるさいし散らかすし物壊すしあかんわ。触るなってゆうのに俺のガンプラいじって壊しよった。女の子やったらおとなしいから家も散らかれへんやろうなぁ」ってな感じだろうか。

もちろんおとなしい男の子もいるだろうが、私の知る限り男の子はパワフルである。当時、旦那の顔色を伺っておとなしくしていたミラにさえ、うるさいと怒っていた旦那なのだから、男の子が産まれたら毎日怒鳴り散らすことになっていたかもしれない。ただ、これも実際にはどうなったか今となってはわからない。なんせ男の子が産まれることはなかったのだから。

こうして「ミラに兄弟作戦」にも玉砕した私は、もしかするとこのまま一生セックスレスかもしれないと思った。

一生セックスレス…。

この現実から目を背けたかったのか、それとも、他のことで気を紛らわせたかったのか、この頃から私は会社の人やお客さん、友人たちからの誘いに少しずつ応じるようになり、外出することが増えたのだった。今思えば逃避してたんだろうなぁ…。

「姑にセックスレスを告白」

ある日姑が私に聞いてきた

「最近は大丈夫？　裕己と上手くいってる？」

姑がそんな風に聞いてくるのも無理はない。

旦那の実家へ行ったときの私たちはあまり話さないし、いつも旦那は不機嫌な風だったから姑も心配になったのだろう。

ここで「問題ないです」と言えば良かったのかも知れないが、相当悩んでいた私は言ってしまった。

「ずっとセックスレスで悩んでいます」

ミラを産んでからずっとセックスレスであることを告げると姑は驚いていた。

「今も誰かと浮気をしているのかしら？」

姑がそう考えるのも当然である。私も最初はそれを疑っていたから。

確かにちーすけと浮気をしている時期もあったが、ずっと浮気を続けているとは考え難かった。生活態度やお金の流れを見ていても、この頃は浮気の形跡はまったくと言っていいほどなかったのだから。

「…まあ。それは…問題よね」

そう言って困った顔をしていた姑だが、次に会った時にはニコニコ笑いながら私にこう言った。

「桃ちゃん。今の人ってセックスレスが普通なんですってね♪」

……はあ？

セックスレスが普通ってそれはどこの情報ですか？

どこでそんな間違った情報を仕入れてきたんですか？

突っ込みたい気持で一杯だったが、とりあえず我慢して姑の話を聞いてみた。

どうやら親戚の息子さんが結婚当初からセックスレスで、結婚して何年も経つが一度もしたことがないんだそうだ。それでも夫婦仲は良いし何の問題もないから大丈夫なんだとか。

「だから裕己がしないのも普通なのよ」と言うことらしい。

…そんな特殊な例を持ち出されてセックスレスが普通とか言われても困るんですが。

と言うか、そんな話を他の親戚としてるわけですか？

恥ずかしいからやめてください(泣)。

姑に相談したことを後悔したのは言うまでもない。

旦那が無職になりました…

「俺、仕事辞めるから」

突然旦那がそう言った。数年前から早期退職者を募っていたのだ。

「今のままやったら給料も少ないし、若いうちの方が転職先も見つかりやすいんちゃうかなぁと思ってな。それに今辞めた方が退職金多いし(笑)。ええ機会かなぁと思ってん」

確かに旦那の会社の給料は安かった。

「それは入社したばかりのOLさんの給料ですか?」

と聞きたくなるくらいの金額である。なんせ、結婚前は私の方が収入が多かったぐらいだから…。そんなこともあり、転職することによって給料が上がることはあっても、下がることはないと確信していたので、私は旦那の転職をわりと好意的に受け止めた。

「ほんで、次の転職先とか決めてんの?」

「いいや。まだ全然。慌てて決めてもろくなことないしな」

旦那は年内で辞めようと思っていたらしかった。まあ、辞めるまでにまだ2ヶ月ほどあるから、その間に見つかることもあるだろうし、年明けの方が見つかりやすいかもしれない。

「なんやったら独立しようかとも思ってんねん」

旦那の仕事はデザイン系の仕事である。確かに「独立」というのも1つの方法だ。私の父の実家が自営業で、母も父がなくなって10年ほど自分で商売をしていたので、「独立」と言う言葉に特に不安や抵抗はなかった。ただ、旦那のレベルがどの程度のものかは私は知らないし、独立してやっていけるかどうかは旦那自身にしかわからない。

「独立のめどとかは立ってるん？」

「まあ、これからいろいろ絵を描いて売込みとかせなあかんけどな。なんとかなるやろ」

普通はこの「なんとかなるやろ」で不安に思い、反対するべきだったのだろう…。

旦那の性格はわかっていたはずなのにねぇ。

私は旦那がもらえるであろう失業保険の金額と退職金の金額を大まかに計算して、さらに、それを現在のひと月分の給料で割り、ボーナス払いのローンの分も計算した上で、何ヶ月間なら旦那が無収入でも持ちこたえられるか計算してみた。そうして出たのが、旦那が無駄遣いさえしなければ1年間は大丈夫という答え。

こうして、私も納得した上で旦那の転職活動が始まった。

旦那が退職した。旦那の無職生活が始まったのだった。

この頃の旦那は、転職活動をしていたらしき形跡はあまりなかった。最初は独立して事務所を開く気まんまんだったようなので、絵を描いたり、今までの取引先なんかに営業かけてるのかなと思っていたのだが、どうやらそうではなかったらしい。

旦那が無職になって1ヶ月が過ぎた。就職情報誌を読んでいる様子はあるものの、具体的に行動を起こしている気配は見受けられなかった。

「どっかええとこ見つかった?」

「いや、あんまり」

旦那は「妥協はしたくない」と言った。その意見には私も賛成だ。再就職したとしても「やっぱり気に入らない」なんて、すぐに退職されたらたまったものではない。焦って不本意な転職をして欲しくない。そう思ったからこそ、私は1年間の求職活動を認めたのだった。

「前に一緒に仕事したことある会社とかに当たったら、仕事もらえると思うねん」

少し前に旦那はそう言っていた。もしかして私の知らないところで、独立に向けていろいろと動いているのだろうか。そう考えた私は旦那に聞いてみた。

「独立も考えてるって言ってたやん? 仕事もらえそうな会社とか当たってんの?」

すると旦那は平然と答える。

「いいや。会社回るには資料がいるやろ? 俺がどんな絵を描いてるか見せなあかんからなぁ。そのための絵ぇまだ描いてへんし」

え? 会社辞めて1ヶ月が過ぎてまだ資料がない?

とりあえず、旦那が絵を描いているというスケッチブックを見せてもらった。ラフスケッチが3～4枚…いやいや、いい絵を描くために苦労しているのかもしれない。仕事を辞めたばっかりで、ナーバスになっているのかもしれない。気負いすぎてなかなかいい絵が描けないのかもしれない。旦那に任せると決めたんだから、余計な口出しはしてはいけない。旦那を信じて見守るしかないのだ。私はいろいろな言葉を口に出さずに飲み込んだ。

「旦那を信用して任せる」

聞こえは良いが本当の所はどうだったのだろう?

本音は、余計なことを言って、旦那が不機嫌になるのが怖かっただけなのではないだろうか。否定は出来ない。私が余計なことを言えば、旦那が不機嫌になるのは紛れもない事実だし、それを恐れていたのも本当だ。

だが、決してそれだけではなかった。旦那の考えを尊重したいという気持ちは間違いなく私の中にあった。なんにせよ、旦那が機嫌良く転職活動をしてくれるのなら、私はそれで良かったのだ。

「大丈夫。きっと私が思っているより真剣に考えてくれているはず」

そんな風に自分に言い聞かせていた。

旦那は本当は独立する気なんてさらさらなかったのかもしれない。「独立」という言葉に憧れて、言ってみたかっただけなのかもしれない。なんせ、この後旦那が独立に向けて動く気配はまったくといっていいほどなかったのだから…。

「旦那の外面」

平日の昼間にしがぴーとご飯を食べに行くことになった。お互いが結婚してからは初めてのことである。たまに、電話で冗談ぽく旦那の無駄遣いを愚痴ることがあった。しがぴーがそれを私のSOSだと感じたのかどうかはわからないが、会っていろいろ話を聞こうと思ったらしい。

「今日はなんぼでも聞いたるから話してみ」

そう言われても何から話せばよいのやら。とりあえずはいつもの無駄遣いの話から…。姑のこと、旦那の浮気のこと、食事のこと…。ダイジェスト版ではあるが、かなりいろいろな話をした。

私は同性の友人たちにはそこまで話していなかった。いや、話せなかったという方が正しいかもしれない。問題のない家庭なんて一軒もないのかもしれない。他の家庭も、表面には見えないだけでいろいろなトラブルがあるのかもしれない。それでも幸せそうに見える友人たちにすべてを話すのは、なんとなく惨めに感じられて話すことが出来なかったのだ。

じゃあ、しがぴーにはどうして話せたのか？　それはしがぴーが異性だからなんだろうと思う。しがぴーは男で「妻子持ち」という点では旦那と同じ立場である。そういった立場で、更に私のことを以前からよく知っているしがぴーなら、同性の友人たちとは違うスタンスで話を聞いてくれると思ったのだ。

この頃の私は愚痴りながらもどこかで、「でも、私にも問題があるからこんな風になるのかもしれない」と思っていた。その辺を客観的にしがぴーに判断してもらえれば…。そんな気持ちもあったのだと思う。私がある程度話し終えたときにしがぴーが言った。

「うーん。俺、旦那に会ったことあるけど、桃ぴーが話してるようなことをする人には全然見えへんよなぁ。浮気するようにも見えへんし。やさしそうで怒りっぽいようにも見えへんし」

ああ、しがぴーも外見に騙されている。旦那の外面恐るべし。

この外面の良さはモラハラ旦那の特徴の1つでもあるのだが、当然この頃の私がそんなことを知っているわけもなく、「嘘ちゃうもん」と言うのが精一杯だった。

「俺は桃ぴーが嘘ついてるって言ってるんとちゃうで。ホンマのことなんやと思うんやけど、旦那の外見からは想像がつかんなぁと思って。にこやかで穏やかに見えるからなぁ」

だからそれは旦那の外面ですってば。

「それに、桃ぴーの話が全部ホンマやったら最低な旦那やで？　話半分に聞いたとしてもひどすぎるわ」

そこまで言い切られると、逆に自信がなくなるのが私の悪い癖である。いつも心に引っかかっていたことを口にした。

「でも…もしかしたら私にも悪いところがあって、それで旦那がそんな風になったとか…」

私のその言葉をさえぎるようにしがぴーが言った。

「あのなぁ、旦那が桃ぴーに不満があったとしても、やったらあかんこととか言ったらあかんことってあるやろ？　俺が聞いてる限りは旦那はワガママやん。桃ぴーがんばってるやん。

旦那はなんでもっと桃ぴーのこと大事にしたれへんのかなぁ」

その言葉を聞いた瞬間に涙が溢れた。「やばいっ！」と思ったが時すでに遅く、涙はぽろぽろと頬を伝って流れ落ちた。驚いたのはしがぴーである。

「え？　俺なんか悪いことゆうた？」

私は周囲から見えないように顔を隠し、涙をぬぐいながら答える。

「違う…ごめん。…どうしよ、涙止まらへん…」

なかなか涙が止まらない私を見て「このままではまずい」と思ったのだろう。しがぴーは「とりあえず出よ」と、私をファミレスから連れ出し車に乗せた。

「ここやったら泣いても他の人に見られへんから」

車から降りてエレベーターに乗り、降りたその場所はカラオケボックスの入り口だった。なるほど…ここなら確かに他の人には見られない。しがぴー頭いいなぁ。

「今までいろいろ我慢しててんやろ？　そろそろ一人で抱え込むのやめたらどうや？　そんなに無理すんなや。今の桃ぴー見てたら痛々しいわ」

「しがぴー…そんなん言われたら…また泣くで」

「泣け泣け。そのためにここへ来たんやから、遠慮せんと思いっきり泣け」

「…う…うえぇぇぇぇぇぇんっ！」

人前でこんな泣き方をしたのは初めてだった。子供みたいに泣きじゃくる私の頭をしがぴーはしばらくの間黙って撫でていた。それは、父親が泣いている子供をあやしているかのような撫で方。といっても、私は幼い頃に父親を亡くしているから、正直なところ「父親」と言うのがよくわからないのだが、このとき私は「お父さんとかお兄さんってこんな感じなのかな」と思っていた。どのくらい泣いていたのだろう。泣きすぎて頭痛がしてきた。

「そら、そんだけ泣いたら頭も痛なるわ(笑)。しゃあないなぁ、そんな桃ぴーに1曲捧げるわ」

そう言って本を見てリモコンを操作すると、しがぴーは「ガッチャマン」を歌い始めた。

「私に捧げる歌がなんでガッチャマンやの…?」

「意味はないっ(笑)」

しがぴーはそのまま一人で何曲も歌い続けた。時にはモノマネをしたり、替え歌で歌ったり。気がつくと泣いていたはずの私が大笑いしていた。

「どや、ちょっとはすっきりしたか?」

確かにすっきりしていた。思いっきり泣いたからなのか、大笑いして歌ったからなのか。

「しがぴー、ありがとうね」

「礼言われるようなこと、なんもしてへんで。また愚痴言いたなったり困ったことあったら遠慮せんと連絡してこいや。金以外のことやったら力になれると思うし(笑)」

そして、ぽんぽんっとまた私の頭を軽く叩いた。

「大変やろうけど頑張れよ」

このときの言葉通り、私が離婚するそのときまで、しがぴーはいろいろと力になってくれたのだった。

「旦那が面接をブッチした！」

求人情報誌をメインに仕事を探していた旦那だが、そんな簡単に見つかるわけもなく、無職になってから3ヶ月が過ぎようとしていた。

求人情報誌だけでは思ったような仕事が見つからないと思った旦那は、とある有名な人材紹介会社へ行ってみることにした。その会社では、まず性格分析のテストや適職のテストなんかを受けて、それを踏まえた上で担当のカウンセラーが、その人に合った会社を紹介してくれるというシステムだった。

旦那がその会社で行った性格分析のテスト結果を見せてくれたのだが、その分析結果を見て驚いた。す、すごい。すごすぎる。

そのテストには旦那の外面ではなく、いわゆる素顔が赤裸々に映し出されていた。それを読んだとき、思わず「どっかで見てたんかいっ！」と言ってしまった。そのくらい他の人には見せたことがないであろう、我が家での旦那の姿がそこに書かれていたのである。旦那も興奮しながら私に言う。

「な、すごいやろ？　俺も、どっかで隠れて俺の行動を見てたんかいって思ったもん。俺の外面の良さがバレバレや。すごいよなぁ(笑)」

いやいや、自分の姿を客観的に見れているあなたもすごいです。

そんなこんなで、旦那はしばらくその人材紹介の会社にちょこちょこ通うことになった。「担当になった人が頼んなさそうなおっさんで、なーんかイマイチやなぁ」と、少し不満げではあったが、とりあえずはいろいろと相談をしていたようだ。その間、何度か会社を紹介してもらったようだが、どうも思い通りの会社ではなかったようで、連続してその紹介を断っていたらしい。

そんなある日、「ここなら絶対大丈夫です」と、ある会社を紹介され、面接の約束もして帰って来た旦那だが、なんだか不満げである。

「うーん…なーんか気が乗らへんなぁ。面接どうしようかなあ」

「どうしようかなって、約束してきてんやろ？　ほんならとりあえず行って来たら？」

「いや、別に行かんでもええやろ」

「ええっ？　行かへんつもりやったら、ちゃんと断っときや」

「大丈夫、大丈夫」

何が大丈夫なんだか。まあ、そんなことを言ってはいるが、きちんと面接には行くんだろうなと思っていたので、実際のところは特に心配はしていなかった。

数日経ち、旦那の面接の日がやってきた。

「今日面接行くんやろ？」

「うーん、わからん」

この期に及んでまだこんなこと言ってるよ。それでも、まあ大丈夫だろうと私は仕事に行った。

仕事を終え、帰宅してみると旦那がいない。なんだかんだ言ってたけど面接に行ったんだろうなぁ、なんてことを思いながらふと電話を見ると、留守電にメッセージが何件か入っていた。「なんやろ？」そう思って留守電を聞いた私は驚いた。どうやら、旦那は担当の人に何の連絡もせず、面接をすっぽかしたらしいのだ。

留守電が何件も入っている時点でなんだか嫌な予感はしたのだが、とりあえずメッセージを聞いてみることにした。

「あ、犬川さんのお宅でしょうか？　□□□の斉藤と申します。先ほどから待ち合わせ場所でお待ちしているんですが、もう、こちらへ向かってますか？　もしまだなら至急来てください」

温厚そうなおじさんの声である。この人が旦那の担当者か。どうやら旦那が待ち合わせの時間に現れないので、心配して電話をかけてきたようである。旦那は携帯電話を持っていないので、仕方なく家へかけてきたのだろう。旦那はどうしたんだろう？　待ち合わせ時間でも間違えたんだろうか？　それともまさか…。

そう思っていると、2件目のメッセージの再生が始まった。

「もしもし、斉藤です。待ち合わせの時間からもう1時間以上過ぎてます。このままだと面接が受けられなくなりますんで、至急ご連絡ください」

冷静を装ってはいるが、ちょっと慌てている様子である。

旦那…まさかとは思うが面接ブッチした？

3件目、斉藤さんのトーンが明らかに変わった。

「もしもしっ！　犬川さん？　斉藤です。どうして来られないんですか？　何かあったんですか？　今日の面接は中止になりました。とりあえず至急ご連絡ください」

声が怒っている。そりゃそうだろう。連絡もなく面接をすっぽかされたら、旦那を紹介した斉藤さんの面子が丸つぶれだ。4件目。

「もしもしっ！　犬川さんっ？　面接先の方が非常に怒っておられまして、今回の話はダメになりました。こういうことをされると非常に困ります。今後のこともあるので至急ご連絡ください！」

かなりお怒りのようだ。

…うちの旦那が迷惑をかけてしまって本当に申し訳ない。

そう思っていると旦那がふらりと帰ってきた。

「ただいまーー♪」

ご機嫌である。つなぎを着ているところを見ると、バイクでツーリングでもしていたのだろう。面接ブッチして何やってんだか…。

「旦那っ。今日の面接ブッチしたやろっ。担当の人から何件も留守電入ってるで。めっちゃ怒ってて電話くれってゆうたはるで。はよ電話しいや」

「んー。別にええわ」

「別にええわって…よくないやろっ！」

「平気、平気」

そんなやり取りをしていると電話が鳴った。

「はい、犬川です」

「あ、奥様でいらっしゃいますか？　私□□□の斉藤と申しますが、ご主人はご在宅でしょうか？」

　噂をすればなんとやらである。私が旦那の方を見ると、旦那は眉間にしわを寄せて、「俺はいない」というジェスチャーをした。無理やり電話を渡したとしても出ないであろうことはわかっていたし、そんなやり取りが相手側にわかってしまっては、旦那の面目は丸つぶれである。いや…もうすでに丸つぶれなのだが…。

　それでも馬鹿な私は旦那をかばうべく、旦那が留守であることを告げた。

「実はですね、今日はご主人の面接の日だったんですが、待ち合わせの場所にご主人がいらっしゃらなかったので面接がダメになってしまったんです。こんなことではこちらとしても困ってしまいますんで、ご主人と今後のことを相談したいので御連絡くださいますようお伝えいただけますか？」

「わかりました。戻りましたらそのように伝えます。ご迷惑をおかけして申し訳ございませんでした」

斉藤さんゴメンナサイと思いつつ電話を切り旦那に言った。

「旦那、連絡くださいってゆうたはるで。ちゃんと電話しときや」

「ほっといたらええって」

「あかんやろっ！」

「ええって。もうあそこ行く気ないし。ほっといたらええねん。電話かかってきても絶対出えへんから留守やってゆうといてな」

えええええっ。何もかもブッチですか？　そんなのアリ？

旦那が一方的に「あの会社とはもう無関係」と思っていても、断りを入れない以上、斉藤さんはまた連絡をしてくるだろう。それは当然の話である。

都合が悪くなると私に丸投げで自分は知らん顔ですか？　自分のやったことの尻拭いくらい自分でしてもらいたいもんだ。

「また電話かかってきたときに留守やって嘘つくの嫌やから、ちゃんと電話して謝っときや」

「気が向いたらな」

その返事を聞いて「絶対連絡せえへんやろうな」と思った。

あの日から、斉藤さんは毎日電話をかけてきた。私が仕事から帰宅すると、いつも留守電にメッセージが入っている。旦那は当然家にいるのだが、電話に出る気はさらさらないようで、つねに留守電状態にしていたらしい。留守電を聞く。

「斉藤です。どうしてご連絡いただけないんでしょうか。お待ちしてますので連絡よろしくお願いします」

内容はいつも同じ。ただ、少しずつ怒りの度合いが増しているような気はしていた。

「なぁ旦那。ええ加減電話するなり出るなりしいや」

「ほっといたらええって」

「ほっといたらええって、あんたは電話に出えへんからええけど…」

「お前も出んといたらええやんけ」

なんか違わないか？　それ。

旦那は出なければいいと言っていたが、そうもいかない。電話をかけてくるのは斉藤さんだけじゃないんだから。そんな訳で電話には出ていたのだが、私は電話が鳴るとビクッとするようになってしまった。旦那は能天気に「電話鳴ってるでー」と言う。わかってんねんやったら自分で取れよなー。

ドキドキドキ…斉藤さんやったら嫌やなぁ…。また嘘つくの辛いなぁ…。そんなことを思いながら受話器を取る。

「はい。犬川です」

「お世話になっております。斉藤です」

うわあああああああ。斉藤さんだあああああああ。ごめんなさいごめんなさいごめんなさい。旦那は居留守です。

…もちろんそんなことを言える訳がない。面接をブッチするなんて失礼なことをしておいて、居留守まで使ってるなんて言ったら、斉藤さんはバカにされたと思うだろう。いや、すでにそう思っていたのかもしれない。もしかしたら、斉藤さんは旦那の居留守に気づいていたのだろうか。それでも私のその嘘を信じたフリで、「またかけます」と言ってくれていたのだろうか？

斉藤さんから電話があるたびに、私は罪悪感にさいなまれて旦那に「頼むから斉藤さんに電話して」と言うのだが、いつものごとく右から左である。まあ、そんな素直に私の言うことを聞く人なら、私はもっと苦労のない結婚生活を送っていただろう。最初から言うだけ無駄だったのかもしれない。それでも私は言わずにはいられなかった。言い続けていればいつかはわかってくれるかもしれないって思っていたから。

さて、旦那が面接をブッチしてから1週間ぐらい経った頃だったろうか。夜、いつものように斉藤さんから電話がかかってきた。

「いつも電話をかけていただいているのに本当に申し訳ございません。主人には何度も電話をするように伝えているのですが…」

いつもはここで「またかけます」と電話を切る斉藤さんだったが、この日は違っていた。旦那に対する怒りがピークに達していたのだろう、突然こう言ったのである。

「こういうことを奥さんに言うのは失礼かと思いますが、お宅のご主人は人間として最低ですっ！」

「は、はいっ。すいませんっ」

私はいきなりのことに驚いて、どう対応すればいいのかわからなくなった。

「面接を何の連絡もなくすっぽかしたり、その後も連絡をしてこなかったり、普通はご本人さんが謝罪をしてくるのが当然でしょうっ？　社会人として間違ってるし、人間としても最低ですっ！」

「はいっ。本当に申し訳ないです」

「私はいろいろな人の担当になりましたが、こんな失礼な人は初めてですっ！　こんな人が普通に会社でやっていけるわけがありませんっ！」

「…おっしゃる通りです…。本当にすいません…」

斉藤さんは、20分くらい旦那がいかに最低で礼儀知らずな人間かと言うことを私に説き続けた。それは、まるで私が怒られているかのような感じで、私はひたすら謝り続けることしかできなかったのである。実際、斉藤さんは私に対しても腹を立てていたのかもしれない。

「もっと旦那の管理をしっかりしろ」

そう思っていたのだろう。

電話を切った後、旦那を見るとテレビを見て笑っていた。

誰のせいで説教されてたと思ってんねんっ！

旦那に斉藤さんに言われたことを言ってみたが、

「ふーん。うるさいおっさんやなぁ」

で終わりだった。少しは何かを感じてくださいよ旦那さん。

その数日後、斉藤さんから封書が届いた。中身は手紙と旦那の履歴書だった。履歴書を送り返してきたのは、「もう、あなたの面倒は見ません」と言う決別の証なのだろう。達筆な字で書かれた手紙の内容は次のような物だった。

- **あなたは人間として最低だ**
- **もっと社会人としての自覚を持ちなさい**
- **そんなことではこれから先ろくな人生を歩めないだろう**
- **あなたのような最低な人間を見たことがない**
- **もう少し社会性を身に付けなさい**
- **人に迷惑をかけておいて、謝罪がないとは何事だ**

他にもいろいろ書いてあったが、どれもこれももっともなことばかりで、読めば読むほど斉藤さんの怒りが伝わってきた。

「旦那…斉藤さん、すごい怒ってはるで。手紙読みぃや」

そう言って渡した手紙を旦那はざっと読むと、「はははは」と笑い、「ほっとけ、ほっとけ」と言った。そして次の瞬間、手紙をくしゃくしゃっと丸めてゴミ箱に捨てると、

「これでもう電話かかってけえへんやろ」

とにっこり笑う旦那。旦那には斉藤さんの言葉は届かなかったようだ。

…あかんわこら。

ンマの俺には近づかれへん」

　がっくりである。持ち上げといて落とすなよ。

「俺の性格の悪さを知ってんのはお前だけや(笑)」

　私は旦那が心底性格が悪いとは思っていなかった。本当の心をガードするために作られた人格なのではないかと思っていた。いつかは旦那に心を開いてもらいたい。本当の旦那を見せて欲しい。そうなるように頑張ろうと、いろいろ努力を続けた私であったが、結局、その努力が報われることはなかった。

　旦那は今も本音を隠したまま生活しているのだろうか？

「誰もホンマの俺には近づかれへん」

「俺は誰も信用してへん」と旦那は言う。人間が嫌いなんだそうだ。仕事上では仕方がないので普通に接しているようだが、プライベートでは極端に人との関わりを持たないようにしていた。いや、そうなっていったというほうが正しいかもしれない。

旦那は仲の良かった友人たちとの関わりも、徐々に断ち始めたのだ。その始まりが居留守だった。

旦那は自分のテリトリーに人が入ってくるのをとても嫌がった。俺に構うな。俺に指図するな。俺の心に入ってくるな。俺に必要以上に近づくな。俺は一人ででも生きていける。そう言っていた。

ならなんで私と結婚したんだ？　その問いかけにはこう答える。

「俺は自分を何重もの鎧でがちがちにガードしてるんや。みんなが見てるのはその部分だけ。俺が作ってる「ええ人」の部分だけしか他の奴らには見せへん。お前には俺の一番本音に近い部分を見せられるから」

単純だと笑われるかもしれないが嬉しかった。誰にも見せられない部分を私には見せてくれているんだね。私は一番近い場所にいるんだね。そう思っていると続けて旦那は言う。

「それでもお前にも俺の本当の部分は見せへん。多分一生。誰もホ

旦那の再就職

旦那が就職情報誌で気に入った企業を見つけたらしい。その会社は、誰でも知っている大企業の子会社で、会社名に思いっきり親会社の名前が入っている。もちろん、給料もかなりいい。旦那の自己顕示欲を満たすには十分すぎる会社だ。

「ここに入れたらラッキーやなぁ。駄目モトで受けて見るわ」

もちろん私に異存はなかった。万が一にでも採用になれば、ありがたい話である。旦那は張り切って履歴書や職務経歴書を用意していた。今までの面接とは比べ物にならない気合の入りようである。面接の内容がどんなものかはわからないが、今回のやる気と旦那の外面を持ってすれば合格するかもしれないと、私は少しばかり期待をしていた。

面接当日、帰ってきた旦那は手ごたえを感じていたようである。

それから1週間後、1通の封書が我が家に届いた。旦那が面接を受けた会社からである。

こ、これで採用、不採用がわかるのね。ドキドキドキドキ。

旦那が封を開けるのをじれったく見ている私。手紙に目を通すと旦那は私の方を向き、にっこり笑って言った。

「採用やって♪」

「うそっ！　ホンマに？　旦那すごーいっ！　良かったねー♪」

「はっはっは。俺の実力はこんなもんや」

ちょっと調子に乗りすぎじゃないかい？　でも、就職が決まったんだから許すっ!!

これで給料が入ってくるわけだから、生活の心配もなくなったし、失業保険給付期間内に再就職できたから、再就職手当ても貰える。いいことずくめだ。これをきっかけに、何もかもが良い方向に進めば…と、私は願わずにはいられなかった。

こうして、半年以上に渡る旦那の無職生活は終わりを告げたのだった。

就職が決まったとたんに、旦那は友達からの電話に出るようになった。会話をこっそり聞いてみる。こっそりと言っても2m先で話しているだけなので、最初っから丸聞こえなのだが。

「おう、久しぶり。いやぁ、実は仕事やめて転職活動してってん。ん？　うん、そう。うんうん。それでな、最近やっと就職決まってん」

ふんふん。就職の報告してるのね。

「え？　就職先？」

ここで旦那がにこーっと嬉しそうに笑った。

「実はな、○○○○に就職してん。ま、○○○○って言っても子会社やねんけどなー。正式には『○○○○××××』って名前やねん。それでもまあ○○○○グループなわけやから、前の会社より給料とかはええわな。え？　いやいや、たいしたことないって。まぐれまぐれ」

めちゃめちゃ嬉しそうに話している。こんなに舞い上がった旦那を見るのは初めてだ。誰が聞いても大企業を連想する。『○○○○』という会社名がとても気に入ったのだろう。ブランド好きの旦那らしい。

実は、失業していることは姑たちには内緒だった。

「おかんに知られたら何言われるかわからんからな」

と言われたので私も黙っていた。余計なことを言って、旦那が不機嫌になり、家の中が重苦しい空気に包まれるのは勘弁して欲しい。しかも失業中で、ずっと家に居るのだからなおさらキツイ。

だが、今回無事に就職できたこともあり、やっと姑に本当のことを言うことにしたらしい。旦那の実家へ遊びに行ったときに旦那が姑に報告した。旦那は失業していたことと、○○○○に就職したことを姑に説明した。

最初は怪訝な顔で聞いていた姑だが、○○○○の名前を聞くと、「あら、すごいじゃないっ」と旦那と同じ笑顔を見せた。

「まあ、子会社やねんけどな」

お約束のように言う旦那。

「それでも○○○○って言ったらすごいわよねぇ。あらあ。桃ちゃん良かったわねぇ」

とても嬉しそうな姑。でも私は、会社が有名であろうが無名であろうが、どちらでもかまわなかった。以前よりも収入が上がるというだけで十分ありがたい。

「今回は絶対辞めへんやろうな」と、私は確信していた。

今回の会社は、知らない人がいないのではないかというくらい、有名な会社の子会社である。旦那のプライドを満足させるには十分である。給料、ネームバリュー、福利厚生etc…。肩書きや勝ち負けにこだわる旦那が、それを簡単に手放すはずがない。

そして私の予想通り、旦那はその会社にすっかり落ち着いたのだった。

「私の転職先」

私はというと、保険の営業と言う仕事に行き詰まりを感じ始めていた。毎月ノルマこそ達成させるものの、それ以上の保険を取ろうという情熱のようなものはなくなっていた。この頃、世間では不景気のためか保険離れが始まっていた。昔のように、言われるままに無駄な保険に入る人が減ってきて、保険そのものに入ろうと言う人が激減してしまっていたのである。もちろん、私のセールストークが未熟なせいもあるのだが、なかなか契約にはつながらなかった。

そんな状態では成績が上がるわけもなく、当然収入も上がらない。転職をしたくても、現状ではそれもままならない。さて、どうしたもんだか…。私はすっかり困り果ててしまったのだった。

そんな状況の中、旦那の就職が無事決まり、なんとか落ち着いてきたということで、いよいよ私も本格的に転職活動をすることにした。と言っても、実は転職先の目星は結構以前からつけていたのだ。

1年位前、結婚前に一緒に仕事をしていた友人宅へ、保険の勧誘&遊びに行ったのだが、そこで、彼女が在宅の仕事をしていることを知った。仕事内容は、結婚前に勤めていた会社と同じ内容。それをそのまま自宅でできるというのである。

私はまず「在宅でできる」というところに魅力を感じた。仕事そのものは以前やっていたことなので何の問題もない。在宅で仕事ができれば、ミラが突然熱を出して休むことになったり、具合が悪いと保育所から呼び出されることがあっても対応がしやすい。在宅なら、家事もやりやすいのではないかと思ったのだ。

私は、彼女が仕事をどのように続けていくのかを見守っていた。会社の上司にかなり不満があったようで、会うたびに愚痴を言っていた。そうやって文句を言いながらも仕事は続けていたし、時間にも余裕があるように見えた。収入も、普通にパートに出るよりもはるかに多い金額で、当然のことながら私の収入よりも多かった。

1年後、文句を言いながらも彼女は仕事を続けていた。「しんどいし、文句言われるし大変やで」と言いながらも、彼女が仕事をやめる気配はない。念のために、同じような在宅の募集をいろいろ見て、何件か面接にも行ってみた。だが、条件的に友人が所属している会社よりも良いところはなく、私は友人に在宅の仕事を紹介してもらうことにしたのだった。

「紹介するのはええけど、結構大変やで。それにマジで上司性格悪いからむかつくことも多いと思うけど、大丈夫?」

うん。多分大丈夫。そういう人への対処は慣れてるような気がするから…。

友人に紹介してもらった就職口は、面接を受けて即採用となった。ただ、ちょっとばかりブランクが長かったので、数ヶ月は社内で研修を受けなくてはいけないとのこと。私としても久々の仕事で、体や頭が覚えているかどうか自信がなかったので、研修を受けさせてもらえて、尚且つ時給制で給料をもらえるのはとてもありがたかった。

そんな訳で、年明けから研修を受けることになったのだが、その前に保険会社にきちんと退職する旨伝えなくてはいけない。

「支部長。今年一杯で仕事辞めたいねんけど」

「え!? ダメですよ。困ります」

ここで引き下がるわけにはいかない。私は娘のためにも家で仕事をしたいこと、旦那も営業より家で仕事をするほうがいいと思っていること。そして、もう保険を取る自信がないことを一生懸命伝えた。最初はなかなかOKを出してくれなかった支部長だが、私の決意が固いことを知ると、渋々ながら退職を認めてくれた。

こうして私は仕事を辞め、無事に研修を受けられることになった。

上司に「自分が面倒をみるから」と話を通してくれたのだ。結果的には、友達本人が「自信がない」と言って断ったのだが、旦那がしがぴーを頼り、しがぴーがそれに応えてくれたことは事実である。

それなのに、仕事が変わったと言う理由だけで、その人をいきなり「負け組」呼ばわりはないのではないか？

「ほんまにあほやなぁ」

にやりと笑いながら言う旦那。

「旦那は勝ち組なんや？」

その問いかけに旦那は嬉しそうに答える。

「当たり前やんけ。大学出て、横文字の仕事で、体やなくて頭使う仕事やし、結婚して子供もいてバイクも持ってて車は四駆や。これで家買ったら完璧やな」

…本当にそうなのか？

そんなことで勝ち負けが決まるのか？　そんなことを問いかけると、旦那が不機嫌になるのは今までの経験でわかっていた。

嬉しそうに「勝ち組」と「負け組」について饒舌に語る旦那に、私はただ微笑んで相槌を打つことしかできなかったのである。

完璧な勝ち組になる為にそろそろマンションでも…
却下

「体使って稼ぐなんてあほや」

　ある休日、バスをぼーっと待っていたときのこと、久しぶりにしがぴーと再会した。

「桃ぴー、久しぶりやなぁ。俺も、転職してん」

　お互いの近況を語り合っている間に駅前についた。

　家に帰ってしがぴーの話をすると、

「あほやなシガさん。負け組やんけ」

　と旦那。しがぴーはコンピューター関係の会社に勤務していたのだが、機械より人と接する仕事の方が好きだと気づいた彼は、飲食業に転職したのである。転職した会社は誰でも知っている某大手のチェーンで、すでに店長なので給料も以前より格段に良く、福利厚生もしっかりしていたので決して負け組とは思えなかった。

「何で負け組？」

　そう聞く私に旦那は言う。

「俺とか前のシガさんみたいに頭を使う仕事をしてる奴は勝ち組やねん。体使って稼ぐなんてあほや」

　旦那は以前しがぴーに、自分の友達をしがぴーの下で働かせてもらえないか頼んだことがある。本来なら無理だと思えるような条件だった。それでもしがぴーは快く引き受けてくれた。

突然、家を買う

「明日、家見に行きたいから」と、姑から電話がかかってきた。

家？　誰の？

旦那の実家はまだローンの残るマンションである。以前、震災で壁にヒビが入ったことを嫌がっていたし、そのマンションを売って一戸建てに移ろうとでも言うのだろうか？　そう言えば、姑は一戸建てに住みたいようなことを言ってたっけ。舅も定年退職したことだし、一戸建ての家で2人でのんびり暮らすつもりなのかな、なんて思ってみた。

「明日は、桃ちゃんとミラちゃんも一緒に行きましょうね。じゃあヨロシク〜♪」

翌日、言われるままに旦那の実家へ車を走らせた。姑と舅、私、旦那、ミラの5人で車に乗り込む。全員で車に乗って出かけるのはこれが初めてだ。なぜなら、舅はずっと単身赴任で大阪にはいなかったから。なんだか新鮮だなと思っていると、姑が、

「ここへ行ってちょうだい」

と広告のようなものを出してくる。それは、兵庫県の新築住宅の広告だった。それを見るなり旦那が言った。

「…えらい山奥やな」

そうなの？　私は住所を見ただけではピンとはこなかったのだが、旦那はよくバイクであちこちへ出かけているので、その場所も思い当たるようだった。

旦那が車を走らせていると、確かにどんどん山のほうへ入っていく。民家も少なくなってきた。目的地に到着すると、そこにはモデルハウスと建築中の家が数軒。車を降りて、ふーんと思いながら見ていると姑が言った。

「ここなんかどう？　自然が多くて素敵よね。バイクを使えば駅まではそんなにかからないし…。裕己も会社へ行くのに何の問題もないわよね」

えっ？　裕己も会社へ行くのに…って。もしかしてその家って…私達が住むの??

どうやら姑は自分達ではなく、私達に家を買わせようと思っているようだった。

「頭金を少しくらい出してあげるわよ。買いなさい」

いや、突然そんなことを言われても…と、パニくる私。

「会社までそんなに遠くないでしょ」って十分遠いですってば。おまけに、その場所は山の上のほうで、今住んでいる場所と比べると…、いや、比べようもないくらい不便な場所である。

旦那をふと見ると、相当不満そうな顔をしていた。そりゃそうだろう。旦那は不便な場所より、便利な場所が好きな人である。田舎よりは都会が大好きだ。今住んでいるところが都会かと言われれば、決してそうではないのだが、それでも、確実にこの場所よりは何もかもが便利である。何よりも、半径３００ｍ以内にコンビニがない所なんて、旦那にはとても耐えられない。なんせコンビニが大好きなのだから。

不満げな旦那をよそに盛り上がる姑。まったく関係なさげに周りを見渡している舅。ぶすーっとしている旦那。そして、どんな反応をしていいのやら悩む私。姑に話を合わせれば旦那が睨むし、旦那に合わせると姑が不満そうだし…。

とりあえずこの日は不満げな旦那の様子を見て、渋々あきらめた姑だったが、翌週も家を見に行くことがこの時点で決定した。

「次のところもいい場所よ♪」

さて、翌週に姑の指示で行ったのは奈良だった。

だから何で奈良？　旦那の職場は大阪で、私が今、研修に通っている会社も大阪である。在宅の仕事とはいえ、仕事を貰いに行ったり届けたりと、時々は出社するのだから奈良県に住むと不便で仕方がない。これから住宅街になるであろう空き地を見つめ、「無理やし」と思っている私がいた。

「ここ、いいでしょ。今はまだ少しへんぴやけど、開発してる最中やから、そのうち便利になるわよ〜」

確かにそのうちに開発されて便利にはなるのかもしれないが、今現在は駅も遠いし、会社へ行くには時間がかかる。小学校や幼稚園なども近くには見当たらない。スーパーも近所にはなさそう。周囲は知らない人だらけ。

あの…、今の家から引っ越す利点が見当たりませんが?

そう思っていると旦那が姑に言った。

「なあ、おかん。こんなとこから俺、仕事に通われへん」

「そんなことないわよ。バイクで○○駅まで行ったら大阪まですぐじゃないの?」

旦那があきれたように言う。

「全然すぐとちゃうから。めちゃめちゃ遠くなって不便やんけ」

姑は不思議そうな顔をして「あら、そうなの?…いい所なのにねぇ」とつぶやいた。

「そんなにええと思うんやったら、おかんとおとんが住んだらええやんけ」

その旦那の言葉を聞いていたのかいないのか、姑はあっさり言った。

「ここが嫌ならまた別のところを見に行きましょう」

き…切り替え早いっすね(汗)。

そんなわけで、翌週は京都へ行くことになった。

京都の目的地もまた山の中だった。安いのはわかるのだが、どこもかしこもこれから開発されようかというところばかりで、現在住んでいる所と比べるとありえないくらい不便な場所である。確かに家の価格は安いが、なんでわざわざ知らない人ばかりの土地で、不便な思いをしてローンを払いながら住まなくちゃいけないんだか、私には理解できなかった。

「どう? 自然が多くていいところでしょ? これから少しずつ開発されていくから大丈夫よ」

開発されなかったらどうするんだと思ったが、当然口には出せない。

「頭金出してあげるって言ってるんやから、買いなさいよ」

頭金を出してもらえるなんて羨ましいと思われるだろうか？

家が欲しいと思っているなら当然ありがたい話だが、はっきりいって私には「家が欲しい」という欲求はなかった。旦那の金遣いを考えると、住宅ローンを組むことすら恐ろしい。そんな訳で、せっかくの姑からの申し出も、私にとっては悩みの種でしかなかったのである。

ところで、どうして姑が急に私達に家を買えなんて言い出したのか。その理由は後日判明した。

なんでも、最近、旦那のいとこが家を買ったそうなのだが、これで旦那のいとこの中で家を買っていないのは、旦那だけになってしまったのだそうだ。ちなみに旦那のお兄さんも、数年前に頭金を援助してもらってマンション購入済みである。持ち家じゃないのが旦那だけというのが、姑には我慢できなかったようで、何がなんでも旦那に家を買わせて、「うちの裕己も家を買ったのよ〜」と言いたかったらしい。

何回か家や土地を見に行ったものの、一向に良い返事もせず、乗り気にならない私達に、姑は不満を募らせていたようだった。その後も頻繁に電話をかけてきては、

「どんな家ならいいの？　何が気に入らないの？」と、家の購入を促した。

姑からの電話を取れば家の話。会えば家の話。なんだか責められているような気がして、辛くて仕方がなかった私は、姑に会うのが苦痛になっていた。

一方、旦那は家を買うこと自体は乗り気になってきていた。自分の気に入った場所なら、家を買いたいと思っていたようなので、私の苦痛には気づかなかったようである。

「無理やって。断ろうよ」

「ええやん、別に。頭金出してくれるってゆうねんから、出してもうたらええやん」

「もう少し身の丈にあった生活しようよ」

そう伝えても、旦那はいまひとつピンとこないようだった。

そりゃそうだ。それが理解できる旦那なら、家計を考えずにカード使ったり、ローン組んでバイク買ったりしないだろう。

「俺らの歳で一戸建て買ったら自慢できるで〜。友達呼んで『桃ちゃんすごぉーい。うらやましい〜』って言ってもらえるで〜」

…いや、別にそんな事で自慢する気もないし、自慢するために家買うつもりもないし。

なんでいつもそこへ行き着くかなぁ。

「別に自慢したくないけど…」

「またまたぁ〜。新居に呼んで家見せびらかして『たいしたことないのよ。おほほほほほ』って、めっちゃ優越感感じられるで〜♪」

普段は私やミラの友達は家へ呼ぶなと言ってるくせに、そんなときだけご招待ですか？　なんか違わないか？

なかなかいい返事をしない私たちに業を煮やした姑は、ある日曜日に舅を引き連れて我が家へやって来て言った。

「あんた達、全然家買うのに乗り気やないみたいやから、それやったら私らが家を買おうと思うのよ」

それを聞いたとき、私は心の底から「良かった」と思った。これで姑に毎週のように「家を買え」とせっつかれずにすむ。

やっと開放されたと思ったのもつかの間、姑はとんでもないことを言い出した。

「家買うのはいいんやけど、お父さんが歳やから、普通にローン組まれへんのよ。それでね、あんたらには迷惑かけへんから、親子ローン組んでくれへんかしら?」


迷惑な予感…。


姑の言い分は次の通りだった。

今住んでいるマンションの近くに、新しいマンションができるので、そこを買おうと思っている。しかし、お父さんは60歳を過ぎているし、定年退職しているので、単独ではローンが組めない。そこで裕己に親子ローンを組んでもらいたい。支払いは年金とかで何とかするつもり。絶対に迷惑はかけないつもりだ。代わりに、今住んでいる古いマンションを、生前贈与としてあげるから住めばいい。ただ、古いマンションもまだ500万円ほどローンが残っているからその分はあなた達が払うこと。古いマンションをあなたたちにあげるのだから、今回買う新しいマンションは長男にあげることにする。これで何もかも公平だ。

「どう? いい話でしょ?」

はあ?　いい話…なのか?

私はぽかーんとした顔で姑を見つめていた。

姑が「いい話」だと言っている内容が、どうしても理解できない私は、何か私自身が勘違いをしているのかと、もう一度頭の中で反芻させてみた。

今、姑達が住んでいるマンションは、築15年ほどで、震災であちこちにヒビがはいっている。売りたくても買った金額よりはるかに安くなるのが嫌で、売るのを躊躇していたあのマンションを生前贈与してくれると?　でも、ただでくれるわけじゃないんだよね?　私達が残りのローン払うんだよね?　で、姑たちは新しいマンションを買って住むから、そのローンを組むために旦那に親子ローンを組めと?　迷惑かけないって言っても、親子ローンなんだから途中で舅に何かがあったら、必然的に残りは私達が払うってことになるよね?　お義兄さんには、今のマンションを買うときには頭金を出してあげたし、尚且つ新しいマンションもあげるんだよね?　それなら、お義兄さんに親子ローン組んでもらえばいいんじゃないの?　なんでうちが親子ローン組まなくちゃいけないの?　ああ、お義兄さんはすでにマンションのローン組んでるから、もうローン組めないのか。で、私達は古いマンションのローンの残りを払わされて、更に新しいマンションの親子ローン組まされて、古いマンション住まい?　今後、家が欲しくなっても、もう新しいローンは組めないから買えないね。もし、姑の申し出を受けて引っ越すと、旦那の実家からは歩いて5分の距離になるが、うちの実家からはかなり遠くなる。私は一人娘なので、いずれは母親の面倒を見なくちゃいけないいけど、今は一緒に住めないからせめて近くに住んでるんだよね？　姑たちもそれは納得してたはずなんだけど…。なんかなかったことにされてる？

反努終了…………どこがいい話？


考えれば考えるほど納得いかないんですけど。

どう考えても理不尽極まりないと思うのは、私だけなのか？

古いマンションいらないから、ローン組ませないでください。つか、組みたくないし。

さすがに旦那もこんな話は納得いかないだろうと思っていたら、

「ええ話やん」と、目をキラキラさせながらすっかり乗り気になっていた。


…マジですか？　旦那が何でこんな話で喜んでいるのか、私にはさっぱり理解できなかった。

もしかして、私の考え方がおかしいのか？　不安倍増である。

「なんで？　桃ちゃん。こんないい話の何が気にいらないの？」

と姑が聞く。


「全部」

そう言えればどれだけ楽だっただろう。しかし、私は余計なことを言えば旦那に怒られるという恐怖と、自分の考え方がおかしいのだろうかという不安。それでも納得できない自分自身との葛藤。それに理由を上手く説明して、姑を納得させる自信のなさとで、すっかり黙り込んでしまったのだ。

「…なんか納得いきません」

それだけ答えるのが精一杯だった。胃が痛む。胸がぎゅっと締め付けられる。精神的にも追い詰められた状態にあった私に助け舟を出してくれたのは、普段無口であまり自分の意見を言うことのない舅だった。

「そんなにやいのやいの言いなや。桃ちゃんかって実家から家が離れたら、向こうのお母さんも寂しがるとかいろいろあるやろうし、そんなにいきなりいろいろ言われたら、何にも言えんようになるやないか。なあ」

姑は少し不満そうではあったが引き下がってくれた。舅に心から感謝である。

「とりあえず良く考えて返事を頂戴」

そう言い残して姑たちは帰って行った。

「お前何が気に入らんねん?」

姑たちが帰ったあと旦那が言った。

「旦那はあんな理不尽な条件で、なんで納得してんの?」

「なんかおかしいか? あそこは俺が住んでた家やし、その家をもらえるんやろ? 別に何の不満も無いけど? 親子ローンかって親父がなんとかするから大丈夫って言うてたやんけ」

…ここまで能天気だとは思わなかった。

舅が生きている間ならともかく、突然亡くなったらどうするつもりなんだか。口約束でいくら「こちらでなんとかする」と言っていても、親子ローンで契約した以上は、舅が払えなくなったときにはうちが残りのローンを払わなくてはいけなくなるなんてことを、旦那はまったく理解していないようだった。

旦那にわかりやすく、親子ローンでも旦那がローンを組んだのと同じわけだから、新たに車を買おうと思っても大きいローンがあったら、もうローンなんか組めないであろうことを中心に説得した。

いまひとつ納得はしていなかったようだが、新しいバイクや車が買えないかもしれないということが引っかかったようで、結果的には納得して断ってくれた。

こうしてなんとかことが解決したものの、この翌日、私は血便を出し寝込んでしまった。お医者様の診断は「過度のストレスによる腸炎」。

ついに私のストレスは体に変調をきたすまでになっていたのだった。

「嫁の実家を避ける旦那」

離婚する2年前くらいから、旦那は私の実家へ寄り付かなくなった。妻の実家なんてうっとおしいと思っていたのかもしれないが、最低限、正月の挨拶くらいには行くのが普通なのではないだろうか? しかし、旦那はそれすらも拒否するようになった。

「なんかいろいろ言われそうでうっとおしい。それにお前のおかん、いろいろ料理作りすぎ。

腹いっぱいになっても無理して食うのが辛い」

確かに私の母は、旦那の一連の行為に腹立たしさを感じてはいたようだが、それを旦那に言うことは一度もなかった。むしろ、旦那が気を悪くしないように気を遣ってさえいた。母が旦那に何か言うことで、機嫌を損ねるようなことがあったら、家でまた私が嫌な思いをするだろう。それは避けたいという親心であった。

また、料理に関しても「?」である。確かに母はいつも料理をたくさん作る。でも、それは旦那をもてなしたいからであって、無理やり食べさせるためではない。食べられないのなら残せばいいのである。それなのに、わざわざおかわりまでして食べているのは誰でもない旦那である。

仕方ないので実家へはいつもミラと2人で行っていた。帰りに迎えに来てくれることもあったのだが、そのときも家までは来たがらなかった。実家から100m離れたところに車を止めて、そこで私たちが来るのを待っているのである。

母に持たされた食材やらミラのおもちゃやらが多くて、一人で持てなかったときに、車まで母が荷物を一緒に運んでくれたことがあった。

「裕己くん、久しぶりやね。元気やった? いろいろ忙しいんやと思うけど、良かったらまた遊びにおいでね」と、母が言うと、旦那はニコニコしながら、

「あ、はい。ありがとうございます。またゆっくり来させてもらいます」と、好感度満点の挨拶。さすが外面キングである。手を振り見送ってくれる母の姿が見えなくなった頃に、旦那

はこう言った。

「何で車まで連れてくんねん。そういうことをするなってゆうてるやろっ。俺はお前んとこのおかんと会いたないねん。何度も言わすな!」

そう言って眉間にぎゅっとしわを寄せる。

「だって…荷物多くて一人で持ちきれへんかってんもん」

「ほんならそんなもん貰ってくんな! ほんまにむかつくなお前は」

一瞬こちらをぎろりと睨みつける旦那。

「…ごめんなさい」

謝る必要があるとも思えないのだが、すっかり条件反射になっていた。私が謝れば丸く収まるのだ。謝ったからと言って、何も損することはない…。そんな風に考えていたんだと思う。

一度だけ旦那にこう言ったことがあった。

「旦那はうちの実家に行きたくないから行けへんって言うやんか? ほんなら私も旦那の実家に行きたくないいって言ったら行かんでええの?」

返ってきた答えはこれである。

「あほか。お前は俺の嫁やねんから、俺の実家へ行くのはあたりまえやろ。行きたくないなんて自分勝手なこと言うな!」

「あったらあっただけ」

転職後、旦那の給料は格段に上がった。私も在宅ではあるが仕事をしていたので、総収入は確実に上がっていた。今までのように「1日に使っていい生活費は700円」なんてこともなくなり、ミラに習い事もさせられるようになった。今までの生活からすれば天国のようである。

これで生活が楽になる、貯金もできると思ったのもつかの間、収入に比例するように、旦那の金遣いはますます遠慮がなくなって来た。結果的に、収入の割には突然のカード払いにドキドキする生活。

なんでこうなるんだろう?

「お前も働いてて、俺の給料も上がってんから問題ないやんけ。一生懸命仕事してんのに、なんでごちゃごちゃ言われなあかんねんっ!」

この「一生懸命仕事してんねんから」が曲者である。こう言われてしまうと何も言えなくなってしまうのだ。

確かに、きちんと再就職をして仕事をしてくれているし、最近は女に使っている気配もない。これで旦那の機嫌が良くなるなら仕方ないかもしれない…と思ってしまうバカな私。

その結果、旦那は今まで以上にお金を使うようになっていった。お小遣いは4万円ほど渡していたのだが「少ない」と旦那は言う。確かに、昼ごはんを外で食べることを考えると、多くはないかもしれない。だが、これは後に旦那が「金が足りなくなったからくれ」と言うことを見越しての金額である。

旦那はお小遣いが1万5千円であろうが5万円であろうが、「あればあっただけ」使うのである。最初に少な目に渡すのは当然ではないだろうか？

私が寝ていたりお風呂に入っている隙に、こっそり財布からお金を抜き取られていることもあった。翌日気づいた私が旦那に言う。

「旦那。今日お金抜いていったやろ」

「あ、バレた？」

そりゃ1万円も抜かれたらバレるだろう。いつも財布に何十万も入っているような、超リッチな家庭ならともかく、普通の民間人なら財布の中身は把握済みである。

その後も何度もお金を抜かれるが、時には3千円など微妙な金額を数回にわたって抜かれることもあった。全部バレてるって何回言えばわかるんだろう。

最終的に旦那が使う金額は毎月10万円以上。ひどい月は20万円以上使うこともあった。

これは旦那に渡した現金と勝手に使ったカード払いの合計で、家族で出かけたときの旦那の買い物、バイクの税金や保険その他の支払いは、家計費からとなるので、実質はもっと使っていることになる。

一般的に見て旦那はかなりお金を自由に使っているほうだと私は思っていた。それでも旦那はいつも言う。

「これでもめちゃめちゃ我慢してんねんけどな。普通はもっと自由に使えるはずとちゃうんか」

いやいや。ありえませんから。

結構高給取りの友人たちに話してもあきれられる。特に既婚男性たちからは「旦那が羨ましい」と言われる。それを伝えても、旦那は納得しなかった。

「俺の知り合いは、もっといろいろ自由に使ってるし、小遣いも多い。俺は一生懸命働いて収入も増えたのに、ちょっと使っただけでお前にガミガミ言われて不幸や」

ちょっと使っただけ? 10万円がちょっと? 知り合いって誰のことやねん?

同じ年齢、同じ収入でそんなに自由に使っている人がいるとでも?

突っ込んでも当然のことながら具体的な名前は出てこない。そして、いつものように逆ギレである。

「どうせ俺が言ってることはいつも間違ってるもんな。はいはい。お前が全部正しいですよ。くそっ!」

こうなったらもう取り付く島もない。これ以上何かを言えばまた睨みつけられるだろう。それは私にとってはとてつもない苦痛だった。

旦那の機嫌が直るそのときまで、私はこの重苦しい空間で黙って耐えるしかないのだった。

「ミラが小学校へ」

ミラが小学校に入学すると、今度は学童保育へ入れることにした。このときも旦那は猛反対。
「なんで学童に入れる必要があんねん！　お前が家におんねんからいらんやんけ。何考えてんねん。最低やな、お前」

小学生になったから、手がかからないと旦那は思っていたのかもしれない。しかし、ついこの間まで保育所に通っていたミラが、いきなり聞き分けのいい小学生になるわけがない。相変わらず「ママ、ママ」と私にまとわりつき、仕事をしていてもお構いなしで話しかけてくる。だから、そういうことをされると仕事が出来ないんだって(泣)。

納期がある以上「子供が邪魔したので仕事ができませんでした」ではすまない。仕事として引き受ける以上、責任があるのだから、仕事ができる環境を作るのは当然のことだろう。それに保育所時代の友達のほとんど全員が学童保育に入っている。ミラも行きたいと思うのはごく普通のことだった。夏休みも預かってもらえることを考えると、やはり、とりあえずは学童に入れるのがベストだと私は考えた。様子を見て、学童が必要ないと思えばやめさせればいいだけなのだから。

だが、旦那はどうしても納得しなかった。
「どうせ、お前は俺の言うことなんか聞きたくないいんや。いっつも逆らいやがって。今の俺の給料やったら、お前が働かんでも暮らせるんちゃうんかっ」

確かに、旦那の給料は私が専業主婦をしてきっちりやりくりすれば暮らしていけるだけの給料だった。だが、それは普通の生活をしていれば…である。

突然カード払いやボーナス払いで服やらゲームやらバイクの部品やらを買ってきたり、新しいバイクが欲しいと言ってはローンを組んだり、休日にサーキットを走りたいからと、何万円かを払ってレーシングスクールへ行ったりする旦那を思うと、自分が働いていないことが不安に思えてくるのである。

私が働くことで、生活に思いっきりゆとりができるからこそ、旦那が好きなようにお金を使ってもまだ耐えられるのである。専業主婦に戻ったら、また旦那のお金の使い方にガミガミ文句を言ってしまうことは間違いなかったし、旦那もそんな私を疎ましく思うことだろう。

自由にお金を使う旦那を横目に、欲しい物も買えずに生活費を切り詰める生活。もうそんな生活に戻るのは嫌だった。自分だけが生活費や支払いの心配をして、いつもお金のことばかり考えて、不安に押しつぶされそうな生活に戻るのが怖かったのだ。

だとすれば、お互いの心の平和のためにも、私が仕事を続けることがベストだと私は考えていたのだが、結局、旦那には最後まで理解してもらえなかったようだ。

「素直に俺の言うことを聞かない嫌な嫁」だと思われていたのかもしれない。

確かに…旦那からすればそうなんだろう。

このことが、旦那の浮気心に拍車をかけたかどうかは、今となっては知る由もない。

バカ旦那 迷・珍言集

「はっはっはっは。あんなもん知るかい。結婚したらこっちのもんじゃ。逃げられたら困るから、結婚するまではいろいろええこともゆうたけど、手に入ったらこっちのもんや(笑)。まあええやんけ。近くに住んでんねんから」

「ほんなら、もしもお母さんが歳取って、寝込んだりとかしたらどうするんよ」

「老人ホームにポイっとね（笑)」

「もしも旦那の親のどっちかが先に死んで、残った方が倒れて、うちで見なあかんようになったらどうすんのよ。それでも老人ホームとか言えるん？」

「当然、そっちも老人ホームへポイっとね」


冗談かとも思っていたが、その後も何回も同じような話になったのでたぶん本音だろう。

老人ホームに入れるのが悪いとは言わない。言わないが、もっと他に言い方はなかったものか…。

「老人ホームにポイッとね（笑）」

私は母一人、子一人の家庭で育った。いわゆる母子家庭と言うやつだ。そんな訳で、いつの頃からか、「将来は私がお母さんの面倒を見なくては」と思っていた。

結婚が決まる前「私は一人娘やから、いずれはお母さんと一緒に暮らすことになるけどそれでもいい？」と、旦那に聞いてみた。「嫌だ」と言われたらどうしようと思いつつ、ドキドキしながら旦那の答えを待っていると、にっこり笑ってこう答えてくれた。

「おう。俺は長男ちゃうから大丈夫や。お前とお前のおかんぐらい、俺が養ったるから安心しろや」

ああ、なんて頼もしい人なんだろうと感激したものだ。そんな頼もしかった旦那が結婚して数年後、突然こんなことを言い出した。

「俺、お前のおかんと一緒に住む気ないから」

「え？　どういうこと？」

「俺のおかんと住む気もないから心配すんな」

あ、そうなの。ならよかった。…ってええわけあるかいっ！！

「だって結婚前にゆうてたやん。うちは母子家庭で私しかお母さんの面倒見るもんがいてへんから、いずれは一緒に住んであげたいって」

またまた浮気発覚

「なんか縛られてるみたいで嫌」と、携帯電話を持とうとしなかった旦那だが、会社から携帯電話を支給されると持たざるを得なくなった。

　ある平日の夜、旦那の携帯電話が鳴っていた。

「旦那。携帯鳴ってるよ。…あ、切れた」

「別にたいした用事とちゃうやろ。かまへん。かまへん」

しばらくすると、また携帯電話が鳴り出した。

「旦那。また鳴ってるよ。会社の人とかとちゃうん？　出んでもええの？」

「うん。ほっといて」

そう言って、旦那はテレビを観続けていた。


なんか変…。

このときの私はすぐにそう思った。

仕事中以外は電話に出る気がなかったとしても、誰からかかってきたのかぐらいは気になるのが普通である。それをまったく気にしないというのはどういうことなのか？

あえて無視したのではないのだろうか？　そう思った。

女かもしれない…。

こう思ったのは、前の浮気から学んだのか、女の勘なのか。

なんにせよ、私のこの予感は大当たりすることになるのである。

おかしいと思った日から旦那の行動を見ていると、嫌いなはずの携帯電話を、ちょっとした外出のときにも持ち出すようになっていた。見られると困るのか、連絡を取り合いたいのか、そのあたりはわからないが、今までとあまりにも違う行動にますます「おかしい」と思わざるを得なかった。

ある夜、旦那が眠っているのを確認して、旦那の携帯を持ってトイレへ行った。トイレなら、万が一旦那が起きてきても携帯を触っていたことは見られずにすむ。

着信や発信記録を見ると、同じ名前がずらっと並んでいる。1日のうちに何度も電話をしたりかかってきたりしているのがよくわかる。

「さなちゃん」

…どう見ても女やんなぁ。また浮気なんかなぁ。それとも会社の人なんやろうか？

まともに考えれば、会社の人とそんなに頻繁に電話するなんてことがあるわけがない。しかも、会社の人なら「さなちゃん」なんて登録の仕方はしないだろう。浮気と考えたほうがしっくり来るのだが、どこかでまだ信じようとしている私がいた。

ちなみに、私の携帯の番号はなんて登録してあるんだろう？

「桃」かな？「嫁」かな？　そんな軽い気持ちで見て、私はショックを受けた。

「猫田さん（旧姓）」…私の名字を旦那の名字ではなく、旧姓で登録しているのだ。

「これって…どういうこと？　なんで？　私なんか嫁やないってこと？」

私はあまりのショックに、トイレの中で呆然と携帯を見つめ続けていたのだった。

あの日から、旦那の携帯をチェックすることが増えた。携帯の発信、着信記録を見ると、お互いにマメに電話しあっている様子がわかるものの、それ以上の証拠は何も出てこない。

もしかして、考えすぎなんだろうか？　これは旦那の会社の人で、定期的に仕事の件で連絡してるとかなんだろうか？　それにしても、家に帰る直前も電話してるようだし…。

なんだか恋人同士の定期連絡みたいだと思ってしまった。

そんなある日、いつものように旦那の携帯をチェックすると、発信、着信記録がすべて消されていた。

どうやら旦那は、私が携帯チェックしていることに気づいたらしい。

「さなちゃん」の名前も消えていた。

この時点で怪しさ大爆発である。やましいことがなければ、履歴を消す必要もないし「さなちゃん」の名前を消す必要もない。

「絶対に他の名前で登録しなおしてある！」

そう確信した私は、旦那の携帯に登録されている電話番号をチェックすることにした。当然のことではあるが「さなちゃん」の電話番号は最初に見つけた時にきっちり控えておいた。これが幸いしたというか災いしたというか…。

一件一件、丁寧にチェックしていく。基本的にあまり電話を使わない旦那が、登録している電話番号はほんの十数件である。その中から「さなちゃん」の電話番号を見つけるのは簡単なことだった。

「○○販売・総務」

「さなちゃん」の電話番号はそう登録されていた。この会社名は旦那の会社ではない。取引先の会社の人に、毎日毎日そんなに頻繁に電話することがあるとでもいうのだろうか?

怪しい。怪しすぎる。

完全に疑いモードに入った私は、久々に旦那の持ち物チェックをすることにした。

翌日、お風呂に入っている旦那の眼を盗んで、かばんやスーツのポケットの中をチェックすると「お前は女子高生か」と言いたくなるような折り方をした手紙が数通出てきた。

広げてみると可愛らしい便箋。

いきなり目に飛び込んできたのは、

「ひろちゃん、大好き」

という文字であった。

だからね、旦那さん。浮気の証拠となるものを家に持ち込むんじゃないってば。それが最低限の礼儀だろう。前回の浮気で何も学ばなかったのか?

とりあえず読んでみることにしたのだが、あまりのイタイ内容に私は頭痛がしてきた。

「2日続けてキスしたね。初めてだね。キスの連続記録つくれるかな♪」

体中から力が抜けていくのがわかった。悲しみより怒りより情けなさが込み上げてくる。それでも手紙を読み進めようとすると、心臓がバクバクする。読みたいが少し怖い。真実を知りたいけど、知ったときに自分がどうなるのかと考えるととても怖かった。また前回のように壊れてしまうのではないか…。そんな恐怖があったのだ。

手紙は内容的にも量的にも、旦那がお風呂に入っている間に読んでしまえるようなものではなかったので、数通の手紙を抜き取り、後でゆっくり読むことにした。手紙はいたる所にたくさん入っていたので、数通抜いたところでバレることはないだろうと思った。万が一バレたとしても、旦那は私に何も言わないだろう。

翌日、私は例の手紙を読むことにした。その数通の手紙を読んでわかったことは、「さなちゃん」は「早苗」という名前だと言うこと。旦那の取引先の事務の人だと言うこと。年齢は私とあまり変わらないと言うこと。

そして…早苗さんが既婚者だということだった。

手紙の内容から、早苗さんは結婚して6年目で、ご主人とはあまりうまくいっていないことがわかった。

「旦那のことはもともとあまり好きじゃなかった」「結婚するんじゃなかった」

不満がいろいろ書かれているのだが、その内容を読めば読むほど私は首をかしげることになった。

本人は、ご主人に対しての愚痴や悪口を書いているつもりなんだろうが、どう読んでも「ええご主人やん」という感想しか出てこない。逆に「それは…早苗さんのわがままなんじゃないの?」と思うような記述がちらほら出てくる。

「お母さんと、私と旦那と3人で温泉に行ったんだけど、マッサージを受けてたら旦那が来て、そのときにマッサージの人に『あら? ご主人がいるんですね。独身かと思ってました』って言われたの。旦那が来なかったら独身に見られてたのにーと思ったら腹が立ってきたから、旦那に『あんたが来んかったら独身やったのに』って怒りをぶつけちゃった」

「離婚して欲しいって言ったのに『嫌だ、きちんと向かい合いたい』って言うから、裁判してやるって言ったの。そしたら『浮気してる方が裁判しても勝てるわけないやろ。俺が勝つに決まってる』って言われた。話にならない」

り…理不尽すぎる。私は顔も名前も知らないご主人にちょっと同情した。

旦那と早苗さんの関係が始まったのは、彼女の方から告白したことがきっかけのようだった。

そのへんの倫理観ってどうなんだ？

自分が結婚してて相手も妻帯者なのに、告白しようという神経が理解できない。もちろん受け入れた旦那も馬鹿である。相変わらず来るものは拒まないんだから…。

早苗さんからの手紙のいたる所に「早く一緒になりたい。1日も早く離婚するから待っててね」という様なことが書いてあった。

待ってろも何も…旦那はまだ離婚もしてないし、今のところ別れ話も出てませんが？

この後、彼女の手紙はますます突っ込みどころ満載になっていくのである。

「とってもイタイ女」

浮気相手からの手紙を読んでいろいろ知ってしまったら、私の心は壊れてしまうのではないかと思っていたが、それはまったくの杞憂であった。私は手紙を読んでショックこそ受けたものの、壊れるようなことはなかった。

それは、もしかしたら彼女の手紙の内容の、あまりの痛さのおかげだったのかもしれない。手紙の枚数が増えるごとに、その内容はアイタタな物になっていた。

「早く一緒になりたいね。皆に迷惑かけることになるけど、私たち2人が幸せになることで償いたい。幸せだと優しい気持ちになれるでしょ？　そうしたら周りにやさしく接することがで

きるようになるから」

…なんか頭痛がしてきた。ものすごい自分勝手で訳のわからない理屈である。

周りにやさしく接することと、私や早苗さんのご主人への償いがまったく結びつかないんですが？　不倫でラリラリ状態のときというのは、こんなもんなんだろうか？

手紙を読んでいて気づいたのだが、早苗さんは過去にも浮気をしていたようである。それは、ご主人に対する不満の反動らしく、金遣いも荒かったと書かれてあった。

「ひろちゃんとなら幸せな生活ができそうな気がする。何でもできそうな気がする。料理はこれから頑張るし、今まで主婦らしいこと何もしてきたことないから1からだから、気にさわることがあるかもしれないけど、長い目で見てくださいね」

料理ができない？　主婦らしいことをしたことがない？　できそうな気がする？

本当に大丈夫なのか、さなちゃん。っていうか、こんなんでいいのか旦那？

私に「結果の伴わない努力は意味がない」と言ってのけた旦那が、「気にさわることがあっても長い目で見てね」なんて考え方の早苗さんと合うのだろうか？　それとも、ラブラブだからなんでもOKとか？

…ああ、そうですか。そりゃ失礼しました。

手紙の内容からすると，早苗さんのご主人は旦那との関係を完全に把握しているようだった。過去の浮気もすべてわかっているらしかった。

「離婚したい」と一方的にまくし立てる早苗さんに対して、ご主人はいたって冷静に彼女に話して聞かせる。

「お互いに変わるように前向きに努力していこう。何もしないで別れても、お互いダメになるだけや。今までは早苗が男と遊んでたから信用できひんかったけど、俺も頑張るからお前も一緒に頑張ってくれ」

「お前は周りからええように見られたいだけや。いつまでもかわいいさなちゃんで通したいだけちゃうんか？　今回の浮気もそうや。ちやほやされていい気になってるだけと違うんか？　気に入らんから浮気するって、なんか違うやろ？」

…うーん、正論だ。

「旦那の言ってることは屁理屈！」と思い込んでいる早苗さんが書いた文章がこれなのだから、実際の旦那さんはもっと冷静で正しいことを言っていたのかもしれない。それでも、早苗さんはご主人の言うことを「自分勝手だ」と言い放つ。私から見ると自分勝手なのは…。

それにしても、旦那がこういうイタイ女が好みだとは知らなかった。

「守ってね」「ずっとそばにいてね」「あなたがいないとダメなの」

こういうことを言う女は、実はしたたかなんだが、男性からは受けがいいのは事実である。旦那もそういう女に簡単にひっかかる男だったわけだ。私みたいに、必死に耐えて一人で頑張る女は可愛くないと言うことなんだろう。なんか理不尽だ。

苦笑いしつつずっと読んでいて、ふと気づいたことがある。

なんか旦那と早苗さんって似てるかもしれない…。

自分勝手なところ。うまくいかないことを人のせいにするところ。楽な方へ逃げ出そうとすること。自分の快楽のために、他人が犠牲になってることに気づかないところ。自分が人をどれだけ傷つけているか気づいていないところ。他人に厳しく自分に甘いところ…などなどである。「なるほど…似たもの同士惹かれあったわけだ」

そう思った瞬間、私の中で何かが急速に冷めていった。

なんか、あほらしなってきた…。

以前の私なら間違いなく壊れてしまっていただろう。

ところが、今回の私は壊れるどころか妙に冷静である。前回の騒動で耐性がついたのか、はたまた旦那への愛が目減りしたのか…。

おそらくは後者であろう。私は確かに旦那を愛していた。だが、何回も裏切られたり嘘をつかれたり、私を傷つけるような言葉を言われたりと、私の心はすっかり疲れ果てていた。

このままセックスレス？　これからもずっと突然くる支払いの心配をしなくちゃいけないの？　突然不機嫌になる旦那の顔色を伺ってビクビクして暮らしていくの？

正直なところ、ちらっと離婚を考えたことも何度かある。それでも本気で離婚を考えられなかったのは、私の心に原因があった。

私が我慢して家庭が上手くいくのなら我慢しよう。私にも悪いところがあるから、旦那があんな態度を取るのかもしれない。どこがいけないんだろう、どうすればいいんだろう。本当に離婚して私は後悔しないんだろうか？　自分が好きで結婚した人なのに、こんなに簡単に結婚生活をあきらめていいんだろうか？　私が頑張っていたら、いつかは旦那も変わってくれるかもしれない。いや、結婚前の優しかった旦那に戻ってくれるかもしれない。今は辛いけど我慢しよう。頑張ろう…。

モラハラ被害者の典型的な考え方ではあるが、当時の私はこんな風にしか考えられなかったのだ。

「できることなら家庭は壊したくない」

この思いは、私が幼い頃に父を亡くしたこととも関係があるのかもしれない。母の頑張りで、生活そのものに不自由したことはないのだが、やはり「お父さんがいない」ということに、なんとなく寂しく感じていた。私の場合は死別という形で父を突然失ったわけだが、生きている父親からミラを無理やり引き離す形になってしまう離婚を、私は「悪」だと思い込んでいた。

今回の浮気発覚で「離婚もアリかな…」なんて思い始めていた私だったが、もう一度考え直した。

「旦那の浮気には、私にも原因があるのではないのか？」

正直なところ、最近の私は昔に比べて旦那をなおざりにしていたところがあったと思う。在宅の仕事を始めたことで、避難場所を見つけた私は、以前のように旦那をかまうことが少なくなった。その在宅の仕事を辞めて、家に居ろと言われたときも、逃げ場がなくなるのが怖くて「嫌だ」と逆らった。

在宅の仕事が忙しくなると、思っていたよりも時間が取られてしまい、少しずつ食事に手を抜くようになっていった。もっとも、この件に関しては文句ばかり言われて気持が萎えていたという前提もあるのだが、それは我がままだったのだろうか？　誉められたいと思っていた自分がいけなかったのかもしれない。

今思えば、そこまで自分を卑下する必要もなかったと思うのだが、当時は完全にモラハラの呪縛の中にいたのだろう。私はどんどん自分を責め始めた。

不満があるのは私だけではない。旦那にも私に対する不満があるんだろう。もしかしたら、私自身が気づいていないだけで、私は旦那にひどいことをしてきたのだろうか？　私は最悪な妻だったのだろうか？

だとすれば、**私はどうすればいい？　何をすればいい？**

そして、私が出した結論が「旦那ときちんと話し合うこと」だった。きちんと話し合えばお互いに分かり合えるかもしれない。不満はあって当然だが、それをなくすためにお互いに努力すればいいのではないだろうか？

お互いのいいところを認め合い、悪いところは注意しあって、少しでも気分良く暮らせるようになれば、今度こそいい夫婦になれるのではないだろうか？

「私も悪いところは直すように努力するから、旦那も直せるところは直して欲しい」

そう本気でお願いしたら、旦那も少しは譲歩してくれるかもしれない。

そんな淡い期待を胸に抱きつつ、私は思い切って旦那と話し合ってみることにしたのだった。

バカ旦那 迷・珍言集

「旦那が喜んでくれる。褒めてくれる。愛してくれている」

　そう思えば思うほど、旦那に尽くしていたであろうことは今でも容易に想像できる。そのことは旦那が一番わかっていたはずなのに、どうして私をへこませるようなことばかり言うんだろう？

　それがモラハラ夫の特徴であると言うことなんて、知るはずもない私は「私のどこがいけないんだろう。どうすれば褒めてもらえるんだろう。どうすれば喜んでもらえるんだろう」と、訳もわからず悩み続けていたのだった。

「誉めたら付け上がるから嫌」

私は結婚してからあまり旦那に褒めて貰ったことがない。どちらかと言うとけなされている方が多かったかもしれない。私は褒めて貰えると、それをエネルギーに頑張るタイプなので、「たまには褒めて欲しいなぁ」と思い、一度そのことを旦那に言ってみた。

「たまには褒めてみて」

すると返ってきた言葉がこれである。

「褒めたら付け上がるから嫌」

…はぁ？　付け上がるって何？

つけあが・る【付け上(が)る】…相手の寛大さにつけこんで、増長する。(三省堂提供「大辞林 第二版」より)

すいません。どこのどなた様が寛大なんでしょうか？

「付け上がってんのはおまえじゃぁぁぁぁぁぁぁぁぁぁぁ！」

と、今の私なら言って差し上げられるのに、非常に残念。

「付け上がれへんからたまには褒めて～」と、お願いする私に、「お前は絶対に付け上がるから嫌」と、頑として受け付けてくれなかった旦那。

これって、私が変に自信をつけたら、自分に歯向かって来るんじゃないかと思ってたんだろうか？　私に劣等感を持たせて優位に立ちたかったんだろうか？　私は愛を糧に生きていくタイプだから、どんなに褒められても付け上がることはなかっただろう。

夫婦関係修復への望み

休日の前の晩の方が、ゆっくり話ができるだろうと考えた私は、週末を待つことにした。

土曜の深夜。ミラはすっかり夢の中である。

旦那はというと、すっかりくつろぎモードでテレビを見ている。機嫌も悪くはなさそうだ。

今ならきちんと話し合いができるかもしれない。私はドキドキしながら、旦那に話しかけた。

「旦那、話があんねんけど」

少し面倒くさそうに振り返る旦那。

「あのね、私らってこのままやったらあかんと思えへん?」

「何が?」

「私はね…旦那と仲良くしたいねん。これからもずっと一緒に楽しく暮らしたいと思ってんねん。そやけど、今はなんか違うやん? なんかこう…上手いこと言われへんねんけど、1回きちんと話し合った方がええんちゃうかな思て…」

するると、旦那がきょとんとした顔で言った。

「なんで？　このままでって…今のままやったら、なんかバラバラやん」

「このままでええやん？」

「ええんちゃうか？　お互い干渉しあえへんで楽やん」


楽？　何が楽なんだろう？


少なくとも私は今の生活が楽ではない。どちらかと言うと苦痛さえ感じていた。

そうか…今の状況は旦那的には楽なのか…。感覚のあまりの違いに少し驚いたが、このまま引き下がってしまっては今までと何も変わらない。私は必死で食い下がった。

「私は嫌や。結婚したときみたいに仲良くしたい。こんなん辛すぎるもん」

半泣きで訴える私を冷めた目で見ながら旦那は言った。

「無理やろ。だってお前、俺の言うこと聞けへんやんけ。そんなんで上手くいくわけないやろ。それやったらお互い好きなことしてたらええやん」

やっぱり、旦那は私に不満を持っていたのか。旦那の言うことを全部素直に聞けば上手くいくのだろうか？　それならば仕事もやめてもかまわない、専業主婦になれというのならなろう。だが、当然のことではあるが、多少は旦那にも譲歩してもらいたい。私がすべて正しいわけではないのは確かだが、それは旦那にも言えること。お互いが変わらなければ、また同じことの繰り返しだ。

「私は旦那とちゃんと夫婦としてやり直したいねん。悪いとこあるんやったら直すように頑張るから、お互い歩み寄ろうよ。譲り合おうよ。ほんならケンカにもならへんし、仲良くやっていけるやん」

必死の叫びだった。私一人では幸せな家庭は作れない。当然のことだが、旦那の協力が不可欠である。旦那に少しでも私に対する愛情があるのなら…そう思った私の心は、旦那の次の言葉で打ち砕かれた。

「なんで俺が歩み寄らなあかんねん。お前が歩み寄れや。お前が全面的に譲ったらええんちゃうんか」

私は次の言葉が出なくなってしまった。言葉の代わりに涙が次から次へと溢れ出て来る。

「そんなん…なんで…?」

泣きながら、なんとかそう言う私に旦那は、

「無理やろ? そやからええやん、このままで」

と言って、何事もなかったように、またテレビを見始めたのだった。

アア、モウダメダ…ワタシノコトバハコノヒトニハトドカナイ。

旦那は、夫婦関係を完全な主従関係だと思っていたのだろうか? それとも、ただ単に私を支配したかったのだろうか? どちらにしても、私にとっては悲しいことだった。

こうして、夫婦関係修復への最後の望みを断たれた私は、「離婚」について真剣に考え始めることになったのだった。

「離婚を考える」

旦那との話し合いの後、私の頭の中は混乱していた。

「こんな旦那とは離婚するべきだろう」という考えと、「離婚したら後悔するかもしれない」という考えが、私の中でぐるぐる回っていた。何かいい考えでも浮かぶかと思ってみたのだが、特に何を考えつくこともなく、もやもやした気持のまま日々が過ぎて行った。

一人で考えても埒があかない。それに、ちょっと愚痴ってすっきりしたいというのがあったので、しがぴーにメールしてみた。

「どないしたん?」

「うん…実はこの間…」

私はしがぴーに旦那との話し合いのことや、旦那に言われたことを話した。

「なんやそれ? なんかもう…めちゃめちゃやな」

「うん。私もそう思うんやけど…もしかして譲るべきなんやろうかとか思ってみたり…」

旦那の言っていることがひどいと思いつつ、もしかすると私のほうが間違っているのだろうかと、急に不安になるというのは、この頃の私にはよくあることだった。これがモラルハラスメントによる呪縛だと知るのは、離婚してずっと経ってからのことである。

そんな私に、しがぴーはいつも言っていた。

「なにゆうてんねん。どない聞いても旦那が悪いやん。もう少し自分に自信持ちぃや。そんなんやったら旦那の思うツボやで」

旦那との生活で、すっかり自分に自信を失っていた私は、この言葉にどれだけ救われたことか。そして、離婚について悩んでいた私の背中を押してくれたのも、しがぴーだった。

「例えばやけどな、明日、急に旦那が事故とか病気とかで一生寝たっきりになったとしぃや。そうなると、この先一生、桃ぴーが働いて家のこともして旦那の面倒も見ていかなあかんわけや。かなりの愛情がないと無理やわな。桃ぴーは、今の精神状態で旦那が寝たきりになったときに、一生面倒見ようって思えるんか？」

「ちょ…そんな極端な話…」

「ありえへんことちゃうやろ？　旦那はバイクとかにも乗ってんねんから、事故で寝たきりになることかってあるかもしれへんで。桃ぴーの性格やったら、仮に途中で嫌になっても、そんな状態の旦那を捨てて離婚なんかよおせんやろ？　そんなことしたら、桃ぴーはずっと自分を責め続けて生きて行くやろ。ほんなら、桃ぴーに残された選択は、旦那の面倒を見続けることしかあれへん。桃ぴーはそれで幸せか？」

旦那が寝たきりになる？　そんなこと考えたこともなかった。確かに、明日何が起こるかは誰にもわからないのだからありえないことではない。しがぴーの言うとおり、今の状態で旦那が寝たきりになったら、それをすっぱり切り捨てて離婚できるほどの冷酷さは私にはない。恐らく、嫌だと思っていても、旦那の面倒を見続けることになるんだろう。

「一生旦那の面倒見て生きていかなあかんようになったときのことを考えてみいや。桃ぴーがそれでもかまへんって思えるんか、それともいろいろなわだかまりがあって、なんで私がこの人の面倒を一生見なあかんねんやろうって思ってしまうんか。どっちやと思う?」

今の状態で旦那が寝たきりになったとしたら…。

私がもし旦那に少しでも愛されている自信があったなら、迷うことなく、一生、旦那の面倒を見ていくと断言できるだろう。だが、このとき私には、旦那に愛されている自信なんて微塵もなかった。

旦那に愛されていなかったとしても、私が旦那を愛しているのなら一生面倒を見てやればいいではないか。見返りを期待するのは愛なんかではない、エゴだと思う方もいるだろう。確かにそうだ。それでも、私は心の支えが欲しかった。

好き勝手なことをしてはいても、旦那が私のことを愛してくれているということを、ほんの少しでも感じることができたなら、私はどんな辛い生活にも耐えられただろう。だからこそ、今までいろいろなことがあったけど、耐えてここまで来たのだ。

しかし、前回の話し合いで、旦那が私を愛しているかもしれないというささやかな希望は、ものの見事に打ち砕かれた。もう、私の心を支える物は何もない。こんな状態の今、旦那が寝たきりになったとして、一生面倒を見ていけるんだろうか? そんな状態で私は少しでも幸せなんだろうか?

…幸せじゃない。

最近、泣いている時間が多くなってきた。いつも、胸がきゅうううっと締め付けられているような、切ないようなこの感覚。この感覚と一生つき合っていくのは辛すぎる。

もう、楽になりたい…。開放されたい…。一生こんな生活は耐えられない。

じゃあどうすればいい？　これからの長い人生、私が幸せに生きるためにはどうすればいい？　今の辛さから開放される方法…**簡単なことだ。離婚すればいい。**

「…私、旦那の面倒一生見ていくの嫌やわ。一生我慢して生きていくの嫌やわ。もう、こんな辛い思いしていくの疲れた。やっぱり離婚した方がええねんやんな…」

「それでええと思うで。辛い思いして我慢してる結婚生活なんて馬鹿馬鹿しいやん。これからは、自分が幸せになることを考え。俺にできることあったら協力するから頑張りや」

「うん。ありがとう。なんかすっきりしたわ」

しがぴーが私に示した例は、かなり極端だったと思う。私の考え方も自分勝手なのかもしれない。だが、このくらい極端な話をされなければ、私はいつまでもうだうだと離婚も決意できずに、泣き暮らしていたのかもしれない。

荒療治ではあったが、離婚を決意するきっかけをくれたしがぴーには今も感謝している。

「離婚と子供」

「離婚したい」という気持が固まったものの、まだ私は躊躇していた。

私は離婚することによって幸せになれるかもしれない。だがミラはどうなんだろう？　私の都合で父親のいない子にしてしまっていいんだろうか？　離婚することでミラが傷ついてしまうのではないだろうか？

子供がいて離婚を意識したことがある人なら、一度は同じようなことを考えるのではないかと思う。実際、子供のために離婚をしないという夫婦も世の中にはごまんといる。

離婚についてミラに直接聞ければいいのだが、なんせミラはまだ6歳である。急に離婚の話なんかしたら、ショックを受けるかもしれない。

「ママはパパと離婚したいんやけど、かめへんかなぁ。えへっ☆」なんて、軽く聞けるはずもなく、どうすればいいのかわからないまま数日が過ぎていった。

そんなある日のこと、確かミラと一緒に近所のスーパーに行った帰り道のことだったと思う。ミラが私に言った。

「ママ、なんでパパはいつもママのこと怒るの？　ママ悪いことしてへんのに、パパいっつも怒ってるね。なんで？」

私が返事に困っていると、ミラは続けてこう言った。

「ママはパパのこと好き？　ミラはママをいじめるパパは嫌い。にこにこしてるときのパパは好きやけど、急に怒り出すパパは嫌やねん。ミラも急にパパに怒られて、なんで怒られたんかわからへんときがあるねん」

ミラが「パパ嫌い」とはっきり言ったのはこのときが初めてだった。まあ冷静に考えれば、ミラも旦那の顔色を伺って生活していたわけだから、嫌だと思うのは当然かもしれない。

「ママはパパのこと大好きで結婚したんやけど、今はその好きって言う気持が減ってきてるかな。パパが急に怒ったり睨んだりせえへんようになったらええのにね」

さすがにいきなり「離婚したいと思ってる」なんて言えなかった。こうやって少しずつ話をしていって、ミラに離婚のことをわかってもらえばいいかな、なんて思っていたその時、ミラの口から驚くべき言葉が発せられた。

「ママ、パパと離婚したら?」

「は!?」

思わず立ち止まり、ミラの顔を見つめた。あどけない顔でにっこり笑うミラ。

「ミラ? 離婚ってわかってる? パパとママが離婚したら、別々に暮らすことになるんやで。パパがおらんようになってママと2人っきりになるんやで」

「うん。わかってるよ。コウちゃんちも和ちゃんちも離婚してるから知ってるよ」

コウちゃんと和ちゃんは、ミラの保育所仲間である。どちらのお母さんも、半年くらい前に突然離婚して、周囲を驚かせたのだが、今は幸せそうに子供と暮らしている。

「コウちゃんも和ちゃんも、ママと暮らしてて楽しいって。全然寂しくないってゆってたよ。ミラもママがいてたら全然寂しくないよ。楽しいよ」

ミラから離婚という言葉が出るなんて想像もしていなかった。私と旦那の不仲は、そこまでミラを追い詰めていたのだろうか。いや、実際はそこまで深くは考えていなかったのかもしれない。それでも「離婚したら？」なんて言葉を子供に言わせてしまうような家庭環境がいいわけがない。私はミラの目線にしゃがみ込んで話を始めた。

「ミラ。ママとパパが離婚したらママは一生懸命お仕事とかしなあかんから、今までより構ってあげられる時間が減ると思うで。収入も少なくなるから、今みたいにいろいろ買ってあげたりできんようになるんやで。ママ一人やったら、仕事とか家事とか大変やから、ミラにもお手伝いとかしてもらわなあかんようになるで。それでも離婚してかまへんの？」

あえてマイナス要因ばかり並べ立ててみた。離婚は良いことばかりではないということを伝えたかったのだ。だが、ミラは真っ直ぐ私を見つめ、にっこり笑ってこう言った。

「うん。ミラ、ママのお手伝いする。欲しいもんも我慢する。ミラはママと一緒やったら平気やで」

ミラが離婚についてすべてを理解しているとは思えなかったが、少なくとも離婚の話でショックを受けるのではないかという心配はなくなった。これで、心置きなく離婚に向けて動くことが出来る。そう考えると不謹慎ではあるが、なんだかワクワクしてきた。

離婚するにしても、多少はお金がないと不安だから、1年くらいでいくらかお金をためて、それから本格的に離婚に向けて始動しよう。

そんな風に離婚への青写真を描き始めた私だったのだが、計画通りに行かないのが人生の面白いところである。何故かこの日から1週間後に、私は旦那に離婚を申し出ることになるのだった。

くなかっただけなのかもしれない。それでも、旦那のことを「嫌い」にはなれない私がいた。

やさしかった頃の旦那を思い出すにつけ、私次第であの頃の旦那に戻るのではないかと思ってみたりもした。でも、それにはどうすればいいんだろう？　考えても正しい答えは見つからない。

思い切って、ある日旦那に聞いてみた。

「旦那は私のどこが嫌？　どんな風になったらうれしい？」

「俺のすることに一切口出しせんとって。俺の言うことは全部聞いて」

…それは無理やろ。

「俺の言うことは全部聞いて」

夫婦喧嘩のときに「離婚する」と言ったことがある妻は、どのくらいいるんだろう？

友人たちの中にも「よく言う」と言う人がちらほらいるので、決して少なくはないと思う。だが、私は離婚を決めるそのときまで、決してその言葉を口にすることはなかった。

「離婚してやる」と、ケンカの勢いで口にできる人は、なんだかんだ言っても旦那さんを信じているのではないかと思う。また、「絶対に離婚にならない」という自信が、多少なりともあるのではないだろうか？

私は違った。

自信なんてまったくない。旦那の浮気事件、何年にもわたるセックスレス、家族のことを考えない金遣いetc…。これで「私は誰よりも愛されている。家庭は円満だ」なんて思えるわけがない。逆に、離婚したら自由にお金が使えるようになるし、恋愛も自由になるから、喜ぶんじゃないかという恐怖があった。

私が旦那のことを嫌いになったとか、他に好きな人ができたとかなら離婚もいいだろう。しかし、私はまだ旦那のことを好きだった。それはもう愛ではなかったのかもしれない。もしかしたらただの未練だったのかもしれない。せっかく築いた家庭を壊した

別居したい…

その日の旦那の様子は何だか変だった。

帰宅するなり不機嫌で、何かこちらの様子を伺っているような気配。

もうすでに、心の中では離婚を決めていた私は「また機嫌が悪いのか」ぐらいにしか思わず、旦那の不機嫌に気づかないふりをしていた。

ミラが眠ってしばらくすると、旦那がぶすっとした顔で話しかけてきた。

「なあ…別居したいねんけど」

「は!?」

何の前フリもなく、本当に突然の申し出だった。

頭の中に浮かんだのは、W不倫相手の早苗さんのこと。

なるほど、私に干渉されることなく、自由に会えるようにしたいってことか?

とりあえず、旦那がどういう考えで別居を言い出したのか聞いてみようと思った。

「別居ってどういうこと?」

「俺、もうこんな生活嫌やねん。もう、離れて暮らしたほうがええと思うわ」

こらこらこら、こんな生活が嫌なのは私も同じだ。なーんか自分の方が被害者みたいな物言いだなこの野郎。そうは思ったが、私は冷静に話を進めた。

「離れたいってどういうこと? 離れて暮らしてどうすんの?」

「わからん。とにかくしばらく離れて暮らしたい。一人になりたい」

わからんわけないやろう。何が一人になりたいだ。

「お前の目を気にせず彼女と会いたい」って正直に言いやがれっ!

「別居してどうすんの? 離れて暮らして何か変わるん?」

「わからん」

わからんばかりじゃらちが明かない。ここいらで、私は核心をついてみた。

「その別居は関係修復のための別居やの? それとも離婚に向けての別居やの?」

「…まだはっきりわからんけど…今のままやったら元には戻られへんかもしれへんな」

「別居するってことは、生活費は入れてくれるんやんね。なんぼくれるん?」

「5万円が精一杯かな。実家へ帰るんやったらそれで十分やろ?」

ちょっと待て。何で私が実家へ帰ると勝手に決めてるわけ?

小学校へ入学して、まだ2ヶ月経っていないミラに転校しろと? 親の勝手な都合で知らない人ばかりの学校へ転校させろと? 親が別居して、さらに転校までさせるなんて、そんなかわいそうなことはできない。精神的に不安定になったらどうするんだ…と、私はその旨を旦那に伝えた。

　すると旦那は不思議そうな顔をして、

「ええやん、別に。転校くらいどうってことないって」と答えた。

　ああ、この人は子供の気持はどうでもいいのか。やっぱりこういう人だったのかと、薄ら寒い気持になった。

　そのとき、私は頭の中でいろいろ考えていた。別居して5万円もらって暮らす。実家へ帰ってミラも転校させろと言う。そんな子供の気持を無視したことはできない。したくもない。

　もし離婚したら？

　その5万円を養育費としてもらう。母子手当ても少しは貰えるし、何より医療費がタダになる。ただの別居よりは少しは得かな。離婚なら、私がここを出て行く理由もない。旦那に出て行ってもらえばいい。どうせそのうちに離婚しようと思っていたわけだし、それが少し早くなっただけの話だ。もうこれ以上、この人にかかわってイライラしたりムカムカしたりするのは嫌だ。うん。もう離婚しよう。その方がスッキリする。

　考えがまとまったと同時に私は、

「それやったら離婚して」

　と旦那に告げていた。

「え？」と驚いた表情の旦那。自分が別居を言い出して「元には戻られへんかも」なんて離婚をほのめかすようなことを言っていたくせに、私が「離婚」と言う言葉を口に出したとたんに態度が変わった。

「離婚って…え？」

さっきまでの不機嫌な態度とは違って完全に素の状態だ。

「だって元に戻るための別居と違うんやろ？　離婚に向けての準備やねんやろ？　それやったら別居するだけ無駄やん。すぐ離婚しても一緒やん。それに生活費5万円しかくれへんねんやったら、それを養育費にして、市から母子手当ても貰える方がええわ」

少しの間、旦那はぽかんとしていた。私の口から「離婚」なんて言葉が出てくるとは、想像もしていなかったのだろう。

「そう…か。お前は離婚した方がええと思うんか」

「旦那が離婚したかったん違うん？」

旦那は何故かにこやかにこう答えた。

「まあ離婚するのも別居するのも籍を抜くか抜けへんかだけの違いやもんな。離婚してみて、やっぱりやり直したいと思ったら、また籍入れたらええだけやしな。とりあえず離婚するのもええかもしれへんな」

「やり直す？」

「離婚してみてやっぱりやり直したいって思うこともあるかもしれへんやろ？」

ありえない。

何でこの人はこんな風なんだろう？「離婚」と言う言葉を軽く考えているのではないだろうか？

結婚してから今まで、私はどんなにケンカをしても「離婚」と言う言葉を口にしたことはなかった。軽々しく口にしていい言葉だと思っていなかったし、私がその言葉を口にするときは、本当に終わりにしたいときだと決めていたから。

もしかして、旦那は本気で別居を考えてはいなかったのだろうか？　別居したいと言うことで、私が慌ててしまい、

「そんなの嫌。これからはもう文句も言わない。悪いところは全部直すから、お願いだからやり直そう」なんて言うかと思っていたんだろうか？　だとすれば大した自信だ。

まあ、確かに少し前の私ならそうなる可能性もあったのだが、今の私は離婚する気満々である。別居なんてまどろっこしいことはやっていられない。

「やり直すなんてないんちゃうん？　あんた、早苗さんと一緒になるんやろ？」

旦那はその言葉を聞くと、一瞬にして不機嫌になった。

「そうゆうたら、お前携帯とかいろいろこっそり見てたよな。いやらしい奴」

「浮気する方が悪いんやん」

「俺、あの女と何にもないで」

何にもないだぁ？　はあ？

あれだけ「一緒になりたい」「キスした」「待っててね」なんて言葉が満載の手紙を貰ってて、

何言ってるんだ、このおバカさんは。

「手紙にいろいろ書いてたやん。向こうも離婚して一緒になるんやろ?」

すると、旦那がとんでもないことを言い出した。

「はあ? なんで俺があんな女と一緒にならなあかんねん。向こうが好きや好きやゆうて来るから、相手したってるだけやんけ。あんなオバハンと一緒になるわけないやろ。あほらしい。再婚するんやったら、もっと若くて可愛い女とするわ」

「向こうが好きやって言ってるから」…どこかで聞いたセリフだ。

何でもかんでも人のせいですか。ああそうですか。

それにしても、愛人が目の前に居ないからといって、影でこんな風に言い訳する男ってどうなんだ? あまりにも男らしくなさ過ぎる。この言葉が本音であれ、自分を正当化するための言い訳であれ、私的にはNGだ。

「でもキスしてんやろ? 手紙に書いてたで」

「それって浮気になるんか?」

「当たり前やろっ!!」

「へえ。そうなんや」

不思議そうな顔でそう言った旦那。もうあきれて物が言えない。

「ミラはどうすんねん。俺がひきとったろか(笑)」

「冗談じゃない。旦那なんかにミラを渡して、きちんと育ててくれるわけがない。ご飯も作れないのに、誰がミラの世話をするというんだろう。

本気で言っているわけではないのはわかっていたが、なんだかその態度に腹が立った。

「そんな気ないくせに」

「ええで〜。引き取ったるで(笑)。でもお前が渡したくないいんやろ」

その通りだが、なんかムカツク。

「ミラの学校のこともあるから、私らここに住むからね」

「え？　俺が出ていかなあかんのか？　お前ら実家へ帰ったらええやんけ」

「離婚して急に生活環境が変わるだけでもどうかと思うのに、引越しもして学校まで転校させるのはかわいそうやん。ミラのためにも私はここに住みたい。旦那こそ実家へ帰ったら？

養育費はさっきも言った通り5万円ね。ミラが成人するまでよろしくお願いします」

「養育費って払わなあかんのか？」

眩暈がした。

「当たり前やろ。親の義務や。払ってください」

「わかった。そやけど慰謝料は払われへんで。金ないし」

「養育費さえきっちり払ってくれるんやったらそれでいい」

「あ、財産分与も無理やで。我が家には金ないもんな。車はおかんが買ってくれたもんやから、勝手に処分して金にすることなんかできひんし」

どこまでも自分勝手な旦那である…。

正直なところ、慰謝料やら財産分与なんかは訴訟でも起こせばいくらかはもらえるであろうことはわかっていたが、もう、これ以上旦那と関わって神経をすり減らすのは嫌だった。私はお金よりも、心の平穏が欲しかったのだ。

「わかった。それでいい。その代わり、ミラを育てていく上で、ミラが病気になったり、高校入学とかでお金がかかって、私一人の収入でどうにもならんような状態になったときは負担してもらうことになるけどそれでええよね」

こうして突然湧いて出た別居話は、あっという間に離婚話へと発展し、話し合いはあっけなく終わったのだった。

「ちーすけとの真実」

離婚が決まり、私はどうしても旦那に聞いてみたいことがあった。

以前の浮気相手である「ちーすけ」とのことである。

「ほんまはあの時ちーすけと体の関係あってんやろ？　どうせ離婚すんねんから教えてや」

すると、旦那はにやっと笑って言った。

「あったで」

やっぱりね。別に驚きもしない。わかっていたことだ。

「本気で好きやったん？」

「そうやな。お前が妊娠したときも生でHしててな、あいつが『妊娠したらどうすんの?』って聞くから『ほんならどっちも俺の子や』って言うたってん(笑)」

そのときには「最低」という言葉しか思いつかなかった。

そもそも、そんなこと笑って話すようなことか?

「そんなに好きやったら、なんで私と結婚したんよ。ちーすけと結婚したら良かったやん」

「だってお前とつき合い長かったし、なんか気がついたら結婚することになってたやんけ。お前がどんどんどんどん話し進めるから、どうしようもなかったしな。結婚式のときも、俺なんでこんなところにいてるんやろうって人ごとやったもんな(笑)」

さすがに、この言葉はショックだった。

「気がついたら結婚することになってた」とか「お前が話を進めるから」なんて言っていたが、姑に私との結婚を反対された時に「桃と結婚したいんや。桃じゃないと嫌なんや」と、必死になっていたと姑に聞かされたことがある。「それだけ桃ちゃんのこと好きやったんやねぇ」と言われたのではっきり覚えている。だが、このときの私は旦那の言った言葉をそのまま受け止めてしまった。悔しくて、悲しくて涙が出た。

何で私はこんな人を好きだったんだろう。何でこんな人と結婚してしまったんだろう。私の好きだった人はこんなにひどい人だったのか…。

私は泣きながら旦那に向かって叫んだ。

「なんやのよそれっ! そんなええ加減な気持やったん? そんなんやったら結婚なんかし

ていらんかったわ!!」

旦那はへらへら笑っていた。

さらに、旦那の会社の人たちがみんな、ちーすけと旦那の関係を知っていたという事実も発覚した。私との結婚が決まった後、ちーすけにだけは知られないようにと、周囲が気遣っていたこと。披露宴に招待された人の不用意な一言で、結婚のことがちーすけにバレて、会社で大泣きされたことを聞かされた。

あのとき、披露宴に出てくれていた人はそれを知っていて、私たちを祝っていたというのか。何も知らなかったのは私だけ？　何だかみんなに馬鹿にされていたような気分になった。

とてつもない屈辱である。

ここへ来てこんなに打ちのめされることになろうとは想像もしていなかった。どうしてここまでおとしめられなくてはいけないんだろう。私の心はもうズタボロだった。

「…そんなにちーすけのことが好きなんやったら結婚したら良かったやん。なんで結婚せえへんかったんよ」

すると旦那がとんでもないことを口にした。

「だってあいつ日本人ちゃうもん」

旦那は最初はそれを知らずにつき合い始めたらしいのだが、後に日本人ではないということを知ったそうだ。

「何それ？　ほんまに好きやってんやろ？　ほんならそんなん関係ないやん。全然問題ないやん」

「そんなん、おかんかって賛成するわけないし、俺かて結婚する気にもならんわ」

その言葉を聞いて、私の中にほんの少し残っていた旦那への思いは見事に砕け散った。

「この人は人間として最低だ」

このとき私は初めて旦那を軽蔑した。日本人じゃないからって何？　本気で好きだったのなら、そんなことは関係ないのではないだろうか？

仮にそれが原因で結婚を断念したとしても、好きだった人のことを、そんなに馬鹿にした言い方をするなんて信じられない。私があきれていると、今度は信じられないようなことを言い出した。

「お前も、ほんまは不倫とかしてたんちゃうんか？　どうせ離婚するんやし、ほんまのこと言えや」

探るような目で私を見つめニヤニヤしている旦那。

「あほか」という感じである。**自分がしていたから「お前も」ですか？**

「そんなんしてるわけないやろっ！」

私が怒って叫ぶと、旦那はふうんといった感じでこう言った。

「そやな。お前はええ子ちゃんやもんな。俺とは違うよな。えらいえらい」

ケンカ売ってんのかこの野郎。私はますます腹が立つのであった。

「友達みたいな夫婦でいい……のか？」

そんなとき、何を思ったのか、旦那が突然キレた。

「お前、俺に不満があるようなことばっかり言うけど、ほんなら今まで何一つええことはなかったんか。嫌なことばっかりやったんか？」

私は一瞬ひるんでしまった。

ずるいぞ旦那。私が弱い部分を突いてきたなっ！

確かに辛いことばかりではなかった。辛いことしかなかったのなら、とっくに私は壊れていたし、もっときっぱり見切りを付けることも出来た。ささやかであっても「幸せだ」と感じることは確かにあったのだ。今思えばＤＶなんかでよく言われる「アメとムチ」状態だったんだと思う。

「嫌なことばっかりじゃなかった…」

旦那は私がこう言うであろうことをお見通しだったのだろう。さらに畳みかけてきた。

「そやろ？　お前はどう思ってたんか知らんけど、俺はお前とかミラのために一生懸命働いててんぞ。お前らに少しでも楽な生活させたろうと思ってたんや。そんなんわかってくれてたんか？」

離婚を決意する前の私なら、この言葉で、

「旦那ごめんなさい。私が間違ってた」なんて言ってしまっていたかもしれない。
「旦那は私たちのことを思ってくれていたんだ。それなのに、私は何てことを…。私は何てひどい妻なんだろう」なんて自分を責めただろう。

そうなったら、完全に旦那の思うツボだ。

まさにモラハラマジック。モラハラ恐るべしである。

だが、このときの私は（まだ、モラハラに気づいていなかったとは言え）、旦那への愛情がすっかり壊れていたためか、幸いなことに旦那の言葉で自分を見失うことはなかった。

旦那が一生懸命仕事をしてくれていたことはわかっていたし、感謝もしていた。だが、それが私たちのためだといわれると「?」と思ってしまった。

本当に楽な生活をさせたいと思っているなら、どうしてカードで自分の物をぽんぽん買うのだろう。私のことを思うのなら、どうして「お互い歩み寄ろう」と言ったときに拒否したのだろう。一生懸命働いてお金を稼げばそれでいい。それですべてが許されるとでも思っていたのだろうか?

何度も言うが、私はお金よりも愛が欲しかった。お金がなければないなりに工夫して、一緒に苦労も乗り越えて行けるような、そんな夫婦になりたかった。結局、私と旦那の求める物があまりにも違いすぎたことが、こういう結果になってしまったのかもしれないと思った。

「旦那が頑張ってくれてるのはわかってたけど…」

私がそこまで言うと、旦那がぼそっとこんな風に言った。

「残念やな。俺、お前と一緒におるのすごい楽やってんけどな」

は？　いきなり何を言い出すのやら。

「…そんな風に見えへんかったけど？　いっつも文句ゆうてたやん」

「ほんまやで。なんかツレみたいで気楽やし、本音さらけ出せるのはお前だけやし。俺はこのままでもよかってんけどな」

…えーっと、離婚前提で別居をしたいと言い出したのはどちらさんでしたっけ？

今なら突っ込めるのだが、このときの私にはそんな余裕はまるでなかった。

「このまま一生友達みたいに暮らすの？　友達やから浮気もありでHなし？　ほんで、生活費とかのやりくりは私任せ？　悪いけど無理やわ」

まだ少しでも旦那に愛情を持っているときなら、「友達みたいな夫婦でもいいかも」と心が揺れたかもしれない。確かに、旦那とはつき合いが長いせいか、笑いのツボも同じだし、他の人には理解してもらえない部分をわかり合える人ではあった。

でももう無理だ。完全に心の限界を超えたし、何よりもう信用できない。私の心は離婚をするということですっかり固まってしまっていたのだ。私は突き放すように旦那に言った。

「さなちゃんと再婚したらええやん。『俺のために離婚してくれ』って言ったらしてくれるやろ。旦那の言うこと、何でも素直にハイハイって聞いてくれるんちゃう？」

「いや、そやからあの女とは再婚とかまじめにつき合うとかそんな気はないねん。それより、他に独身で若くてええなと思ってる子がいてて、いまちょっとええ感じやから、その子とつき合えたらええなぁって思てんねん」

…なんか、もうどうでもよくなってきた。

「再婚でも交際でも好きにしてください。もう関係ないし」

「俺、再婚はせえへんわ。今回のことで結婚に向いてへんってわかったし。ずっと独身で誰かとつき合うって感じになると思うで」

「あんたが一人で生活できるわけないやん。掃除洗濯はともかくご飯作られへんのに。まあ、自分のゆうことなんでも素直にハイハイって聞いてくれる、可愛くて素直な人でも見つけて面倒見てもらって」

「いや。ほんまに再婚は…。それより、おまえこそ再婚早いと思うで。お前は結構べっぴんやし、頭もええし性格ええし…」

驚いた。旦那が面と向かって私を誉めたのは結婚してこれが初めてではなかっただろうか？

だが、この言葉を素直に受け入れる気にはなれなかった。

「べんちゃら(お世辞)はいらんで。私がほんまにべっぴんで性格ええって思ってるんやったら、こんなことになってへんのちゃうん？」

「いや、ほんまに一般的に見てお前はええ女なんやと思うで。相手が俺やったからあかんかったんやろ。お前やったらすぐにええ男が見つかるやろ」

「…悪いけど、今回のことで私も結婚が怖くなったわ。多分そんな簡単には再婚なんかせえへんと思う」

これは本音だった。また同じ失敗を犯すかもしれないと思うと、そんなに簡単に次の相手を見つけて再婚なんてできるはずもない。

「ほな、離婚するってことで…。養育費その他に関してやけど、踏み倒されたらかなん(かなわない)から、公正証書つくるからね。公証役場行って作ってもらわなあかんからよろしく」

そう言った私の顔を旦那はまじまじと見つめて、

「お前って…なんかすごいな」

と言った。こうしてこの日の話し合いは終わった。

「この人…なんか変だ」

次の日の夜、旦那が何やらにこやかに話しかけてくる。私はと言えば、昨日の話し合いの中で、私と仕方なく結婚したようなことを言われたのがずっとひっかかっていて、非常に不機嫌だった。

「なんか機嫌悪いんか?」

にこやかに聞いてくる旦那。

はぁ? 機嫌悪いも何も、昨日離婚話したばかりでしょうが?

おまけに、あれだけ嫌な話を聞かされて傷つけられて、ニコニコ笑って対応できるかっちゅうねんっ! 私はムスッとしたまま答えた。

「私のこと、たいして好きちゃうんやろ？　しゃあないから結婚してんやろ？　そんな話聞いてニコニコしてられる方がおかしいやろ？」

するとも旦那は、にっこり笑って私の肩に手をポンっと置くとこう言った。

「なんや、あんなこと本気にしてたんか？　冗談やんか。冗談」

笑いながら私の肩をぽんぽんと叩き続ける。

……………**はあ？　冗談？　あれだけのことを言って冗談？**　私は自分の耳を疑った。

「冗談って…あんな真面目な話してる時に、あんたは冗談言うわけ？　しかも冗談になってへんやんっ！」

食ってかかる私。いつもなら、ここで旦那もキレるはずなのだが、今日は何故だか穏やかである。

「お前はどう思ってんのか知らんけど、俺はお前のこと今も嫌いでもなんでもないねんで」

ニコニコしてそう言う旦那を、私はいぶかしげに見つめた。旦那がどういうつもりでこんなことを言っているのか、私にさっぱりわからなかった。

その後も、ＴＶでとある商品のＣＭを見て、「これの男性用ってないんかなぁ」と、つぶやき、さらに私に向かって言った。

「これの男性用探しといてや。俺のこと愛してたら、それくらいできるやろ。頼んだで♪」

えーっと…突っ込んでいいですか。

離婚話したのに「俺のこと愛してたら」って何？　なんで、離婚話した妻にニコニコそんなこと言えるわけ？　自分が私にどんなひどいこと言ったか覚えてないの？

返事もせずに、あきれた顔で旦那を見つめている私を、何故か「こいつは絶対に俺のために商品を探すだろう」と、自信に満ち溢れた笑顔で見つめ返す旦那。

離婚が決まったというのに何を言っているんだろう。いったい、私に何を求めているんだろう？　旦那とはつき合いの長い私だが、何を考えているのかまったく理解できなかった。

この時、私は初めて「この人…なんか変だ」と思ったのだった。

…旦那、離婚する気あるのか？

基本的に貯金のない我が家だったが、一つだけ貯蓄らしい貯蓄をしていた。月々1万円ほどの積立金だが、それが20万円ほどになっていた。これは、旦那がローンを組むときの条件として、銀行に契約させられたものだったが、離婚が決まったと同時に、私はこれを解約して自分の口座に入れた。本来なら旦那と分けなくてはいけない預金なのだろうが、慰謝料もなく、財産も分与する気がないというのだから、これぐらい許されるだろうと考えたのだった。

旦那は自分の引越し費用にこの預金をあてにしていたようで、私が解約したと知ったとき、憎々しげに私を睨んでいた。

だが、今の私は旦那に睨まれても動じない。だって私はもうあなたの妻ではなくなるから。あなたに嫌われたらどうしようと恐れ、顔色を伺い、愛されようと媚び、家庭を守らなくてはと怯える必要もないのだ。

離婚を決める。ただそれだけのことなのに、これほど気持が楽になるなんて思いもしなかった。

いよいよ離婚へ…

私はミラに旦那と離婚することを告げた。

「ミラ。ママとパパね、離婚することになったから」

すると、ミラはきょとんとした顔をして私を見て、次にテレビを見ている旦那を見た。

旦那の元へたたたっと駆け寄り、きゅっと旦那に抱きつくミラ。その姿を見たとき、

「ミラは本当は離婚なんか望んでいなかったのか？　本当はパパと離れたくなかったのか？そうだったの？　だとしたら私はひどいことをしてしまったのだろうか？」と、罪悪感に襲われた。だが、次の瞬間ミラの放った言葉を聞いて私は固まった。

「パパ。いつ出て行くのー♪」

にこにこ笑いながら非常に楽しそうに旦那に聞いている。

あんたねぇ、もう少し気を遣うとか、寂しがって見せるとか、そう言った細やかな心配りとかはないのか？

ミラに「いつ出て行くの」と聞かれた旦那は、苦笑いしながら「すぐは無理やなー。パパが住む家が見つかるまで待ってくれや」と言い、私に向かって、

「こいつ、ええ性格してるな。やっぱり俺の子やわ(笑)」

と言った。普通、子供が親の離婚話聞いたらもう少しショック受けないか？

いや、確かにミラは離婚を望んではいたが、まだ6歳なんだから、いまひとつ割り切れない気持とか、少しは寂しいとかあるんじゃないの？　あまりにも割り切り過ぎというか喜びすぎというか…。反応が面白すぎるだろっ！

はっ。もしかして寂しくないフリをしているとか……？

旦那との離婚話から数日後、ミラの担任の先生から電話がかかってきた。

「あのー。犬川さん、離婚されたんですか？　もし離婚されて名前が変わられたのでしたら、届けを出してもらわなくてはいけないんですけど…」

なんで、先生が離婚のこと知ってるんだ？　しかも、まだ籍抜いてないから離婚成立してないし。もしかして、学校でのミラの様子が何か変とか…？　私は恐る恐る先生に聞いてみた。

「あの…ミラ、何か言ってました？」

「実は…」

なんでも、ミラは私が「離婚が決まった」と言った日から、テストやお習字等の提出物に「猫田ミラ」と私の旧姓を書いていたのだそうだ。そして、友達や先生に、

「あのねー、ミラのパパとママ離婚すんねん。だからミラは『猫田』になるねん♪」

と、楽しげに言っているというのだ。**離婚を喜んじゃってるよ、うちの娘…。**

「そんなわけで、もう離婚されているのかと思いましたので、それなら手続きをしていただかなくてはと思いご連絡させていただいたんです」

そりゃ連絡してくるわな。子供が「猫田ミラ」なんて名乗ってたら。

「実は離婚することは決まったんですが、まだ正式には離婚してないんです。その時にはきちんと連絡させていただきますので…」

状況を理解した担任の先生は苦笑していた。学校から帰ってきたミラに、

「あんた、学校で『猫田ミラ』って名乗ってんねんて?」

と聞くと、嬉しげにこう答えた。

「うんっ♪　だってもうすぐそうなるんやろ?　そやから早く慣れとこうと思ってん。『猫田ミラ』ってええ名前やん♪　いつそうなんの?　まだ?」

…ミラさん、喜びすぎ…。

「離婚手続き」

離婚して何が一番気がかりかと言うと、旦那がきちんと養育費を払ってくれるかどうかということである。他のことはともかく、これだけはきっちり払ってもらいたいと思っていた私は、

旦那に、

「前も言ったけど、近いうちに公正証書作りに行きたいから時間作って」

と旦那に頼んだ。以前の旦那なら不機嫌になっていたかもしれないような頼みごとなのだが、意外にも快く応じてくれた。

そう言えば、離婚話をしてから旦那は少しやさしくなったような気がする。一応、別れる妻に気を遣ってくれていたのだろうか?

役場へ着いて、養育費についての公正証書を作りたいと申し出た。

旦那と2人、奥の部屋へ通された。公正証書を作ってくれる公証人は、私の母よりも年配ではないかと思われる、優しそうな男性だった。

「養育費の金額など、大まかなことは決められてますか?」

大体のことは決まっていたので、紙に書いたものを渡した。公証人はその紙を読み終えると、旦那の方を見て言った。

「養育費はこの金額で、この支払い方法でよろしいんですね?」

支払い方法は年2回のボーナス払いである。これは旦那の希望でもあった。

「毎月の給料から5万も払うのかなわんわ」というのが理由である。ボーナスでまとめてドカッと払いたいというのは、いかにも旦那らしい。私としても、毎月「まだ養育費が振り込まれない」なんてイライラするのはまっぴらだったので、ありがたい支払い方法だと思っている。

「養育費の支払い期間ですが…いつまでにしますか?」

「通常の場合は娘の20歳の誕生日までで、万が一にも4年制大学にいった場合は、その卒業まででお願いします」

公証人は「それでいいですか？」と旦那に聞いた。すると旦那は、

「ほんとは養育費なんか払いたくないんですけどね」

と言い出すではないか。

何考えてるんだこいつ？　この期に及んで払いたくないってどういうことだ？

何だか情けなくなって目に涙が滲んだ。すると公証人が少しあきれたように旦那にこう言ってくれた。

「あのね、養育費は親の義務なんですよ。あなた方が離婚しても、お子さんはいつまでもあなたのお子さんなんです。他人にはなりません。払いたくないから払わなくていいというものではないんです」

「へぇ。そうなんですか」

旦那は他人事のような返事をした。この後も、いろいろと公証人が確認し、助言もしてくれて、公正証書の内容が少しずつ固まっていった。

最後に面接権について決めることになった。私と旦那は離婚すれば他人になるが、ミラと旦那は血の繋がった親子である。旦那やミラが望むのであればいつでも会ってもらって構わないと思っていた。

公証人が「面接権ですが…」と言いかけると、旦那がその言葉をさえぎるように、

「あ、面接権いりませんから」と、あっさり言った。

「は？」公証人は唖然としている。

正直なところ私も驚いた。面接権がいらないってどういうこと？

「別に会うつもりもないからいりません」

公証人は慌てていた。

「いや、今は会わないと思ってるかもしれませんけど、いずれ会いたいと思うこともあるかもしれないでしょ？」

「ありません」

きっぱり答える旦那。

「いや、だから会わないつもりなら会わなくても構わないんです。でも念のために、面接権はつけたほうがいいです。普通は皆さん、つけられます。一応形だけでもつけておけば、後で会いたくなったらいつでも会えるでしょう。親子なんですから、会いたくなることもあると思いますよ」

力説する公証人。だが、旦那は平然と言ってのけた。

「つけるのが普通なんかもしれませんけど、僕はいりません。会いたいと思えへんし。どうせあいつ(ミラ)も会いたないやろうし」

その言葉を聞いた公証人の顔は明らかにあきれていた。

「この人はいったい何なんだ？　信じられない…」そんな表情だった。

そりゃそうだ。子供に会いたいのに会わせて貰えないって悲しんでる人もいるというのに、「会いたくない」って…。

ミラに会わないなら会わないでも構わないのだが、それを力説して「面接権なんかいらない」と言う必要がどこにあるのだろうか？　つけるだけつけて会わなければそれですむ話である。「会う気がないからいらない」と言う言葉の中に、旦那の本当の「冷たさ」を見たような気がした。

公証人が何かを訴えるように私の方を見たので「こういう人なんです」とつぶやいた。私の表情とその言葉で何かを察したのだろう、軽くため息をつくと、

「では…面接権はなしと言うことで…」

と事務的に作業を続けたのだった。

後でこっそり「さぞ大変だったでしょう」と言われた。客観的な立場の人にそう言って貰えたことが、私にとっては大きな救いになった。

「あなたは間違ってないよ。離婚して当然だよ」そう言って貰ったような気がした。

公正証書が完成するまで時間がかかるとのことなので、それまで旦那と喫茶店で時間をつぶすことにした。さっきまで養育費のことを話していたのが嘘のように、普通の会話をしている。

周囲からは仲の良い夫婦に見えているんだろうか？　もうすぐ離婚するのにね。

私が妙に冷静なのは、もう愛していないからなんだろう。

旦那のことを好きじゃなかったら、こんなに穏やかな気持でいられるんだ。

旦那のことを大好きなときのほうが辛かったっていうのも変な話だね。

しばらくしてでき上がった公正証書を受け取りに行った。養育費を踏み倒されたら、強制執行が出来るようにしておいたから、いざとなったら旦那の給料を差し押さえられる。これでいつ離婚しても大丈夫。何だかほっとした。

私は強力なお守りを貰ったような気分で、公正証書を手にしたのだった。

「離婚届を出す」

離婚届は私も旦那も既に記入済みで、保証人の欄も私の友人夫婦に書いてもらった。後は出すだけである。公正証書も作ったし、私としてはいつ出してもいい状況だったのだが、旦那が「まだええんちゃうか？　俺の住む家も決まってへんし」と言っていたので、とりあえず夏休み頃に出せればいいかななんて思い、保留にしてあったのだ。

そんなある日、ここのところ穏やかで機嫌の良かった旦那が、えらく不機嫌な顔で帰ってきた。明らかに怒ったような顔で私に近づいてきてこう言った。

「離婚届出したんか？」

「ううん。まだ」

「とっとと出せやっ！」

突然旦那が怒鳴りだした。

なんだぁ？　なんでこんなに怒ってるの？

勝手に出したら出したで怒りそうだから様子見てたのに。

「あ、出してええんや？　ほんなら出しとくわ」

「おう。さっさと出しとけ」

そう言うと、旦那は眉間にシワを寄せたまま黙り込んだ。

なんだなんだ。何で急にこんなこと言い出したんだ……？

旦那の言うことを、いちいち真に受けたらえらい目に合うよなぁと再確認。

そんなわけで私は翌日にでも離婚届を出しに行くことにしたのだった。

テレビドラマなどを見ていると、離婚届だけを出して「はい、さようなら」みたいな感じであるが、実際はそんな簡単なものではなかった。

まず、うちの場合は本籍地が居住地とは異なっていたので、離婚届を出すときには夫婦の戸籍謄本が必要だったのだ。戸籍謄本は離婚が決まった時点で郵送で取り寄せ済みである。抜かりはない。朝から居住地の市役所へGO！　離婚届を出して、はい離婚成立。おめでとう〜♪　パチパチパチ☆

さて、これからが忙しい。バスやら電車を乗り継いで家庭裁判所へ行き、ミラの苗字の変更手続きをしなくてはいけない。離婚後に「苗字が変わったら子供がかわいそうだから」と、元の旦那の苗字をそのまま使う人も少なくないようだ。それはそれでよいことだと思うのだが、私はまっぴらごめんである。離婚するからには、完全にリセットしたかったのだ。

だから私は元の苗字に戻ることを選んだ。そのためには、当然ミラも苗字が変わるわけなのだが、ご存知の通りミラは苗字が変わることをとても喜んでいたので、これも問題なしである。

家庭裁判所での手続きが終わると、そこで貰った書類を持って今度は区役所へ行った。何で区役所かって？　本籍地を元のところに戻したかったからである。そこで元の本籍地に新しい戸籍を作り、ミラもその戸籍に入れて手続き完了。

しかし、まだまだ手続きは終わらない。その足で居住地の市役所へ引き返した。年金やら健康保険、それに忘れちゃいけない、母子手当ての手続きがあるのだ。

…と、ここで問題発生。年金の手続きは問題なく終わったのだが、国民健康保険の手続きができなかったのだ。なんでも、旦那の会社で被保険者でなくなったという証明書を出してもらわなくてはいけないとのこと。また、国民健康保険に入っていないと母子手当ての申請手続きもできないことが発覚した。

オーマイガッ!!

まだまだ詰めが甘かったようである。まあ、これは旦那に頼んで手続きしてもらってから、もう一度手続きに来ればいいかと、安易に考えていた。

ともあれ、無事に離婚手続きが完了。これで旦那とは他人である。

おっと。他人なんだから「旦那」と言う呼び方はもう変だ。

今からは**「元旦那」**である。

離婚成立後

離婚は無事に成立して、私は自由となったのだが、何故か元旦那はまだ家にいた。

「悪いけど、家が見つかるまでは住まわせてな」

と言う元旦那の頼みを断るほど、私は意地悪ではない。いろいろと探しているようだったが、なかなか希望のところが見つからなかったらしい。ここでもない、あそこでもないといろいろ考えていたようだ。

「一時的にでも実家へ戻ればいいのに」と思ったのだが、元旦那は「そんなつもりはない」と言う。実家へ帰れば食事の心配もないのに何でだろう?

まあ、ごちゃごちゃ言われたりするのがうっとおしいとか、女を連れ込めないとかいろいろ理由はあるのだろうが、今となっては私には関係のないことだった。

そんなことより保険証を何とかしてくれないと困る。

「会社にちゃんと言ってね」と言うと、「ちゃんとしとくから」と返事は返ってくるが、なかなか証明書を貰ってきてくれない。イライラするものの、「会社での手続きに時間がかかるから」なんて言われると、それ以上言いようがなくなってしまう。まあ、家を出るまでに何とかしてくれればいいかと思っていた私だったが、そんなに簡単にことは進まなかった。

結局、元旦那が新居を見つけて家を出たのは、離婚が成立して1ヶ月ぐらい経った頃だった。新居は旦那の実家のすぐ近所。やっぱり実家の近くの方が落ち着くんだろうか？　まあ、交通も便利な場所だから、それで選んだのかもしれない。荷物は元旦那が少しずつ車で持ち出した。

私が嫁入り道具として持ってきた、未使用の客用布団を、「これ俺が持ってきたやつやから持って行くで」なんてわけのわからないことを言って持ち出そうしたので慌てて止めた。元旦那が持ってきたのは、年季の入った自分の布団1組なのに何考えてるんだか。

「あ、駐車場は金払うからそのまま残しといて。向こうでええ駐車場見つからへんねん。駐車場代って高いねんなぁ」

確かに、公団の駐車場に比べると普通の駐車場はかなり高いだろう。そんなわけで、元旦那は車をここに置いて必要なときにだけ乗りに来るつもりらしかった。普段はバイクで行動していたから、それで十分だと思ったのだろう。別に私には害がないので「ご自由にどうぞ」と言う感じだ。

「ところで健康保険のこと、会社に言ってくれた？」

「まだ一緒に住んでたから言ってへん。ちゃんと言っとくから」

まだゆうてへんかったんかいっ!!

少し嫌な予感はしたが、こればかりは私にはどうすることも出来ない。きちんと手続きをするように、しつこく頼んでおいた。

こうして、ついに元旦那は家を出て行ったのである。

元旦那が家を出て、私が一番最初にしたのは部屋の模様替えだった。

まずは家具の配置変更。さらに家中の黒やら濃いブルーのもの（旦那…もとい『元旦那』の趣味で家中が青系か黒のもので統一されていた）をすべて取っ払った。そしてパステルカラーのカーテンやらタオルやらシーツやらに全取替え。暗かった部屋が一気に明るくさわやかに変身した。

これよこれ。こういう明るい部屋にしたかったの！

こうして部屋の中から元旦那の痕跡をすべて消し去るかのような、大規模な模様替えを終え、私は大きな開放感を味わったのだった。

「なんで連絡先がウチなの？」

離婚後も、元旦那宛の電話は我が家にかかってきた。元旦那が新居にまだ電話を引いていなかったから…というのはわからないでもないのだが、なら携帯の番号を教えればいいのにと思った。

一度驚いたのが、クリーニング店からの電話である。新居の近くでクリーニングを出したわけやね。それはいいけど、**なんで受け取りの連絡先がうちやねん!!**

離婚してから使い始めたクリーニング屋さんなのだから、普通は新居を連絡先にするのではないのだろうか？　そう思ったが、クリーニング屋さんに罪はない。とりあえず余計なことを言って、後で元旦那に文句を言われても困るので、「主人に伝えておきます」とだけ答えて電話を切り、速攻でメールを送った。

「クリーニング出来たそうです。取りに行くように」

しばらくすると元旦那から電話。

「悪いな。連絡ありがとう」

「なんで連絡先うちやのよ」

「いや、うちまだ電話ないし」

「携帯にしたらええやん」

「携帯は嫌やから」

よくわからん。この調子で、何故か離婚後も旦那宛の電話はしばらくの間、我が家にかかり続けるのだった。

「離婚したから」と携帯の番号を教えればいいのかもしれないが、余計なことをしてキレられても面倒である。それに、離婚のことを言っていないということは「隠している」ということである。私の口からわざわざ「離婚したんですよー」なんて暴露して、元旦那に恥をかかせる必要もない。仮にも元夫婦である。そのくらいは気遣うべきだろう。

そんなわけで元旦那宛に電話がある度にメールする私。そして返ってくる返事が、

「いつも悪いねぇ」

いやいや。悪いと思ってるなら早く何とかしてください。

…私ら離婚したんだよねぇ？

もしかして元旦那はまだ別居感覚なのだろうかと、疑問すら持つのであった。

離婚して2ヶ月が過ぎても、元旦那は健康保険の資格喪失証明を送ってくれなかった。それもそのはずで、どうやら離婚したことをまだ会社に言っていなかったらしいのだ。

「まだ会社には言いたくないねん」

離婚したことを恥だと思っているのかどうかは知らないが、早く何とかしてくれないと私は病院にもかかれないし、何より母子手当てを貰うことが出来ない。そんなに収入の多くない私には、母子手当てがあるかないかで大違いである。さらに、この頃ミラがちょっとした事故で怪我をして、レントゲンやらCT等の検査をし、何日も通院することになった。

「病院行くんやったら健康保険貸すから」と、郵便受けに健康保険証が入っていた。この頃は、母子家庭は医療費は全額免除だったので、本来ならタダで診てもらえるはずだったのだが、元旦那が保険証の被保険者からはずしてくれなかったせいで、結構高い診察代を支払うことになってしまった。当然のことながら、元旦那がこれらの損失を補ってくれるわけもない。

何度言ってものらりくらりとかわして、動こうとしない旦那にぶちきれた私は、最後の切り札を出した。

「これ以上待てない。もし、手続きしてくれへんねんやったら、私が直接会社に連絡して手続きしてもらうわ」

と、旦那にメール。見栄っ張りの旦那のことである。別れた嫁からそんな連絡が会社に入ったら、面子丸つぶれだ。なんせ離婚のことすらまだ秘密にしているのだから。

この作戦は大成功で、1週間後には書類が届いた。

なんや、こんなに早くできるんやん。今までのは嫌がらせかい。

そうして、やっと国民健康保険を作り、母子手当てを貰える資格を貰えたのは、離婚届を出してから3ヶ月を過ぎた頃だった。

元旦那からまた電話があった。

「今夜、バイクレースが衛星放送であんねん。録っといてな」

当然のような頼み方である。

何それ？　なんで私がそんなことしなくちゃいけないの？

離婚したのに。彼女でもないのに。

元旦那の「離婚したってわかってる？」と聞きたくなるような態度は、ずっと続いていた。時には、旦那が作った音楽CDが郵便受けに入っていたりした。確かに、結婚しているときには自分用と私用を作ってくれていたけれど、離婚した今も作ってくれる理由がよくわからない。かと言って、会いに来るわけでもないから、未練があるとも思えないし…。

いったい何がしたいんだろう?

さて、衛星放送録画の件である。衛星放送は、もともと元旦那がバイクレースを見たくて契約した物である。私にとっては余計に料金がかかるだけで無用な物だったので、離婚して早々に衛星放送のアンテナを取り外し、契約を解除した。そのことを元旦那に伝えると、突然不機嫌になり、

「あっそ。ほんならええわ」

と吐き捨てるように電話を切り、この日を境にぱったりと連絡をしてこなくなった。

元旦那は、まだ私を自分の所有物のように考えていたのではないかと思ってみたりする。やたら連絡してきたり、CDをくれたりしていたのも、そう考えれば辻褄が合う。「衛星放送の解約と録画拒否」をされて初めて、私が元旦那から完全に離れてしまったことに気づいたのかもしれない。

なんにせよ、私はこれでやっと元旦那から開放されたのだ。

「旦那から開放される」

離婚して、ある日ふと気づいた。

「そう言えば最近泣いてへんなぁ」

離婚前は、泣いてない日を数えるほうが少ないくらいだった。いつも何かに追い立てられて

いるような不安感に襲われていた。だが、離婚してからは、その不安がきれいになくなってしまったのだ。何もかもから解放されるというのは、こんなに心が軽くなるものなのか。

「今までも明るいと思ってたけど、前以上に明るくなったよね。それから、なんか穏やかになった感じ」

友人たちにそう言われるようになった私だが、それはミラも同じだった。以前は、何か周囲の顔色を伺うようなところがあったらしいが、離婚後は驚くくらい明るくなったと、何人もの人に言われたのだ。

それでも、慰謝料も財産分与もなく離婚した私を、不憫に思う人も少なくなかったようだ。

「慰謝料もなしで、なんか腹立つよなぁ。元旦那、逃げ得やん。復讐してやりたいとか思えへん？」

と、ある人に聞かれた。


復讐ねぇ。


そりゃ嫌がらせをしようと思えば簡単である。元旦那の会社と、早苗さんの会社にチクればいいのだ。「取引先の相手とW不倫してましたよ」と言えば、何も処分されなかったとしても、見栄っ張りの元旦那には大ダメージだ。さらに、早苗さんに慰謝料を請求という手もある。でも、私はそんなことをするつもりは毛頭なかった。だって、2人がどうなろうが私にはどうでも良かったから。養育費のことさえなければ、元旦那ともう関わりたくないくらいだった。

私は離婚することで穏やかな生活を手に入れたのだ。生活そのものは裕福とはいえないが、追い詰められ、泣き、不安だったあの頃と比べればとても幸せだ。心からそう思っていた。

しかし、恨みも未練もなく、何もかもすっきりしたと思っていた私だったが、どうやら心の中に小さな不安の種が残されていたらしい…。


私が元旦那のバイクレースの録画を断ってから、数ヶ月が経った頃のことである。チャイムの音に出てみると郵便屋さんが立っていた。

「こちらに犬川裕己さんはお住まいでしたか?」

何でそんなことを聞くんだろう、と思いながらも「はい」と返事をした。

「実は犬川裕己さんから、郵便物の転送届けが出されたので、確認のためにお伺いしました。下の郵便受けには犬川さんと猫田さんの名前が書かれていましたが…」

ああ、なるほど。やっと元旦那が自分の郵便物を自分でなんとかしようと思ったわけね。

そう思っていると、その人はこんなことを言い出した。

「あのー、板垣さんと言う女性もこちらにお住まいだったんですか?」

板垣? 誰だそれ?

少し悩んだが私はすぐにピンと来た。きっと早苗さんの苗字だ。私は彼女の苗字を知らなかったが、多分そうではないかと思った。

「あの~、その板垣さんって言う人と犬川裕己の転送先は同じなんですか?」

「はい」

なるほど。ついに一緒に住むことにしたわけね。

へー。まだ早苗さんかどうか確信もないのに、完全に早苗さんだと決め付けている私。

「板垣さんはこちらには住んでいませんでした。犬川裕己は離婚してここを出て行ったので、新しく他の方と住まわれるんじゃないですか?」

と言うと、郵便局員さんは「あ、そうですか」と、何やらメモをして帰っていった。

どうでもいいけど、今聞いた話って、思いっきり個人情報だよね? いいのかなぁ?

こうして私は、口の軽い郵便局員さんのおかげ(?)で、元旦那が誰かと同棲するらしいことを知った。だが、驚くほど何も感じなかった。元旦那が他の女と住もうがどうしようが、まったく興味がなかったのだ。

「本当にもう好きじゃないんだなぁ」と実感した出来事であった。

この日からしばらくして、元旦那は駐車場も引き払った。これで私の身の回りから元旦那を連想させるものはきれいになくなったのだった。

「姑と会う」

離婚して3年が過ぎた頃だったか、元旦那の実家から電話がかかってきた。

なんで? 離婚するときも何も言ってこなかったのに、何で今頃電話があるの?

恐る恐る電話を取ると、相変わらず元気そうな元姑の声。

「桃ちゃん？　私。裕己の母です。わかる？」

はいはい。忘れようにも忘れられないくらい覚えてますとも。

「あ、どうもご無沙汰してます。その節は挨拶なしで離婚してしまってすいませんでした！」

一応謝ってみた。

「ううん。本当はこちらから連絡するべきだったのよね。でもこんなことになって申し訳なくて、連絡できなかったの。ごめんなさいね」

あらら。逆に謝られちゃったよ。ところで何の用なんだろう？

「ミラちゃんのことがずっと気になってはいたんやけどね、なんだか連絡しづらくて…。ミラちゃんは元気？」

「ええ、めちゃめちゃ元気ですよ」

「大きくなったでしょうね。会いたいわあ。ね、次のお休みに会えないかしら？」

何年も放置してて今頃なんだ？　と思ったが、もしかしたら急に孫に会いたくなったのかもしれないなと思い快諾した。

なんせ、ミラは元姑にそっくりである。自分大好きな元姑が、自分にそっくりなミラが可愛くないわけがない。

「あ、そうそう。裕己が今、どこに住んでるか知ってる？」

元姑が唐突に切り出した。

「知ってますよ。住所も電話番号も聞いてますから。あれ？　お義母さん知りはらへんのですか？」

どうやら、元旦那は早苗さんと住み始めた頃から、音信不通になっていたらしい。もっとも、元姑は元旦那が女と住んでいることすら知らないようだった。

「裕己さん、離婚するときにつき合ってた不倫相手と一緒に住んでるみたいですよ」

と言うと、

「桃ちゃん、裕己の家知ってるのよね？　見に行ったの？」

と聞かれた。

はあ？　という感じである。何人かの友人にも聞かれたが、なんでわざわざ離婚した元旦那が女と住んでいる家を見に行かなくちゃいけないんだか。

私が少しでも元旦那に未練があるとか、同居してる女に興味があるならそうしたかもしれない。だが、私はそのどちらにも何の興味もなかった。養育費のことさえなければ一切関わりたくないくらいだった。

「見に行きませんよ。興味ないし」

「あら、そうなの…」

少しがっかりした様子の元姑。当然のことだが、元姑は自分の息子のことなんだから興味ありありだろう。連絡を取りたいので、元旦那の住所と電話番号を教えて欲しいと言ってきた。

私は勝手に教えていいもんだかどうだか悩んだが、親に子供の居場所を教えないというのも変な話かなと思ったので教えた。あとは好きにやってくれという感じである。ミラや私の近況は、会ったときにと言うことで、その日の電話は終わったのだった。

元姑とは駅の改札で待ち合わせた。久々に会った姑は、なんだか一回り小さく見えた。

「あらー、桃ちゃん。綺麗になってー。いやぁー、なんか生き生きしてるわねぇ。きっと離婚してすっきりしたのねぇ」

と、会うなり言われた。「ミラちゃんも大きくなったわねぇ」としみじみしている。なんだかんだ言っても、やっぱり孫は可愛いのだろう。

でも、それならもう少し連絡してきてもいいんじゃないのかと思うのは、少し意地悪な考え方だろうか？

昼食をとりながらいろいろ話をしたのだが、元姑は私の話し方が別人のようだと言った。

「桃ちゃんってそんなに明るくはきはき話す子やったん？」と。

そりゃそうだろう。結婚しているときは、余計なことを言って旦那を怒らせないように、無口で、静かな嫁だった。元姑も「ぼーっとした静かな嫁」だと思っていたらしいと、以前元旦那に聞いたことがある。ギャップが激しくて元姑は驚いたことだろう。

「これが地なんです。結婚してるときは、裕己さんに余計なこと言うなとか言われてたから、おとなしくしてたんですよー」

と、遠慮のかけらもなく言ってみた。

「んまっ。あの子、そんなこと言ってたの？　知らなかったわ。でも、今の桃ちゃんのほうがいいわ。離婚して本当に良かったわね」

…なんか他人事みたいですね、お義母さん。

いろいろ話しているときに、元姑がこんなことを言った。

「裕己ね、『俺があいつに見捨てられてん』って言ってたのよ」

見捨てられたも何も、女作ったうえに別居を提案したのは自分じゃないか。何言ってんだか。

「離婚してから2、3回会ったんだけどね、なんだかしょぼくれた感じでね。離婚が堪えたんとちゃうかしら」

元姑が最後に元旦那と会ったのは、どうやら女と同居する以前のことらしかった。

「でも、今は女の人と住んでるみたいだから、家のこととかやってもらって、また元気にしてるんやないですか?」

「そうなのかしら…一度連絡してみなくちゃ…」

元姑としては、なにやら複雑な心境なのだろうか。ちょっと困ったような顔をしていた。元姑は、「桃ちゃんとはこれからは、いいお友達としておつき合いできたらうれしいわ」と言い、「また、時々ミラちゃんに会いたいわ」と言った。

離婚して何の関係もなくなった今、私は元姑に対して特に悪い感情は抱いていなかったので、「そういうのもありなのかな」と思ってみた。

ミラの手を握り「また会いましょうね。いつでも連絡してね」と言う元姑の姿にほだされて、数日後に電話をしてみた。来月ミラの小学校の運動会があるので、よければお義父さんと一緒に見に来てやってくれと言うと、元姑はこう言った。

「あら、ごめんなさいね。その日はボランティアでイベントのお手伝いをしなくちゃいけないの」

はあ。そうですか。それは残念です。ではまた機会があれば…ということで電話を切った。

まあ、元々用事があったのなら仕方あるまい。でも、普通はなんとか都合つけてみようと努力したりしないいんだろうか？

いやいや。きっとどうしてもその用事ははずせなかったんだ。そうに違いない。そう思って私は自分を納得させた。そして私から電話をかけることは二度となかった。

その後、元姑から二度目の電話がかかってくるのは3年後のことだった。

…いやもう、本当に相変わらずだ。この一族に期待してはいけないと再確認した次第である。

「パパに約束を破られる」

離婚後、私はミラに携帯電話を持たせることにした。

小学生なのにまだ早いのではないか？　甘やかせるのはよくない、などと思っている方もいるかもしれない。だが、これはミラの希望で持たせたわけではない。私は、私の干渉を受けずに元旦那とミラが連絡を取れるようにしてあげたかったのだ。

2人はなんだかんだいっても、血のつながった親子である。お互い電話は苦手のようだが、直接メールができるようにしておけば、気が向いたときに連絡を取り合うのではないかと思ったのだ。

結局のところ、ミラが元旦那に連絡をするのは、誕生日とクリスマス前だけで、内容も「〇〇が欲しい」というようなものばかりだったが、元旦那も一言二言返事を返して、ミラの希望のプレゼントを送ってきてくれていたので、まあ、これはこれでコミュニケーションが取れているからいいのかなと、私は完全にノータッチで2人のやり取りを微笑ましく見守っていた。

そして、離婚して4回目のクリスマスを迎える頃だったろうか。ミラが『トリビアの泉』のへえボタンと、『トリビアの泉』の本が欲しい」と、元旦那にメールを送った。この年は、この「へえボタン」がとても流行っていて、売り切れ続出だったので、果たして手に入るのかどうか心配していたのだが、案の定こんなメールが入った。

「ごめん、今探してるけどなかなか見つかれへん」

ミラは手に入らないのかとがっかりしていたのだが、数日後また元旦那からメールが来た。

「プレゼントちゃんと買ったから」

そのメールを読んで、ミラは大喜びだ。離婚時には「パパ嫌い」というようなスタンスを取っていたミラだが、離婚後、ミラの希望通りのプレゼントを、誕生日やクリスマスに必ず送ってきてくれていた元旦那に対して、少しずつではあるが心を開き始めていた。物につられていただけかもしれないが、それもきっかけのひとつだろう。

「一緒に住んでるときはパパ怖かったし嫌いやったけど、今は嫌いやないよ。メールではやさしいし」

と言うようになっていたので、「離れていても2人の関係がいい感じで続けばいいなぁ」と私は密かに思っていた。

ところがこの年、このクリスマスにプレゼントが届かなかったのだ。毎年、誕生日やクリスマス当日には、必ずミラの希望のプレゼントが届いていたのに…。

こんなことは初めてでミラも戸惑っていた。

「パパにメールしてみたら？　プレゼントは買ったってメール来たんやろ？　ほんならなんかの手違いかもしれへんで？」

そしてミラが「パパ、プレゼントは？」とメールを送ると、

「ごめん。今、地方に出張中で送られへんかった。プレゼントはきちんと用意してあるからまた送る」と、返事が来た。

「ほら、やっぱり事情があってんやん。もう少し待っとき」と、ミラに言うとミラも素直にうなづいた。

しかしクリスマスが過ぎ、年末が来て、年が明けても元旦那からプレゼントは届かない。

ミラが「パパ、プレゼントは？」と、メールするたびに帰ってきたメールがこれである。

「ごめんごめん、忙しくてなかなか送られへんねん。プレゼントは買ってあるから心配せんとって。必ず送るから」

本当に買ってあるなら、地方にいようがどこにいようが、宅急便で送ればいいだけの話なんじゃないの？

私は密かに元旦那に対して不信感を抱き始めていた。ミラもだんだん不安になってきたようだ。

クリスマスから半年が過ぎ、ミラの誕生日が来ても、元旦那から「へえボタン」が送られてくることはなかった。それ以来、元旦那からミラへのプレゼントはすっかり途絶えてしまい、ミラの心には父親に対する根強い不信感が残ってしまったのだった。

ミラは「また裏切られるのは嫌だ」と言って、元旦那に二度とおねだりすることはなくなってしまった。離婚後、元旦那と離れたことで、ミラの中にあった父親に対する恐怖や苦手だと思う気持ちが、少しずつなくなってきていたのに、今回の件ですべてが台無しである。

「パパ酷い！　プレゼント用意してへんねんやったらそう言えばいいし。送ってくる気がないんやったら、最初から無視してくれてたらええのに。変に期待させるだけさせといて、こんなにがっかりさせるなんて最低や」と、なってしまったのだ。

…これればかりは私にもフォローのしようがない。それ以後、ミラからメールを送ることはほとんどなくなったのだが、たまに「修学旅行に行きます」程度のメールを送ると、何事もなかったかのように、一言二言の返事を返してくる。

…ええ根性してるやん。

私なら申し訳なくて恥ずかしくて返事できない。

嘘をついて子供を傷つけた自覚ないいんだろうなぁ…。

元旦那の再婚

離婚して4年目の夏だったか、とあることで印鑑証明が必要になった。

うちの市では、印鑑証明を貰うのに登録カードが必要になるのだが、我が家には元旦那が置いていったカードと、私の新しいカードの2枚があって、そのどちらが私のものなのかわからなくなってしまったのだ。このカードには、名前を記入するところがなく、番号しか書いてないので判別ができない。

仕方がないので、私は両方のカードを持って行き、「多分どちらかが私のカードなので調べてください」と窓口で頼んだ。

しばらく待っていると「猫田さーん」と呼ばれた。呼ばれたところへ行くと、年配の優しそうな女性職員さんが、私にこう言った。

「えーっと、あなたは早苗さんですか?」

早苗って…あのさなちゃんのことだよね?

ドキッとした。何だろう？　この妙な感覚は？

「いえ、違います。あのー…早苗さんっていうのは裕己の妻ですか？」

平静を保って女性職員に聞いてみたが、心臓がバクバクしてきた。

「ええ、そうです。こちらが犬川裕己さんのカードで、こちらが猫田さんのカードですね。あなたは犬川早苗さんではないんですか？」

私は離婚したことと、元旦那が印鑑証明のカードを置いていったこと。自分のカードがどれかわからないので確認してもらいに来たことを告げた。

「あ、そうですか。犬川さんのカードをお持ちなので奥様(さなちゃん)かと。犬川さんは新たに印鑑証明を作られていますので、このカードはこちらで処分しておきますね」

思いがけず、元旦那と早苗さんの再婚を知ることとなったわけだが、郵便局といい役所といい、こんなに個人情報ダダ漏れで問題ないんだろうか？　つーか、知りたくもない情報を教えるのは止めてください。迷惑です。

それよりも、私は戸惑っていた。さっきから心臓のバクバクが治まらない。

なんで？　元旦那の再婚がショックだったのか？

それとも、まだ元旦那に未練があるとでもいうのだろうか？

結論から言えばそれはあり得なかった。もう元旦那を愛してはいなかったし、未練もなかった。離婚してすっきりしたのも本当だ。

元旦那が「俺は結婚に向いてへんから二度と結婚はせえへん」と言った言葉を信じていたわ

けでもない。おそらく、早苗さんか誰かと再婚するであろうことは想像していたし、それに関して別にムカつくとか、捨てたものでも人に取られたら悔しいとか、そんな感情は一切なかった。もう他人なんだし、ご自由にどうぞと本気で思っていた。

ならこの動悸と不安感は何なんだろう?

これが、モラハラによって植え付けられた小さな種が芽吹いた瞬間だったのかもしれない。だが、まだそんなことに気づいていない私は、言いようのない不安感に戸惑うばかりであった。

「モラハラの呪縛」

元旦那の再婚を知った日から、私の精神状態は不安定になっていった。

私自身、離婚後、一度も恋愛をしなかったかというとそんなことはなかったし、元旦那とはまったくタイプの違う、穏やかな人とごく普通に恋愛をしていたのだが…つき合いが深くなればなるほど、私は不安になっていった。

「今、この人はこんなに優しいけど、そのうちに、元旦那みたいに急に変わったらどうしよう」

最初は小さな不安だったものが、少しずつ大きくなっていき、ついには恐怖に変わっていった。

つき合ってる間はこんなに優しいこの人も、再婚したら変わってしまうかもしれない。

元旦那みたいに変わってしまったらどうしよう。もしそうなったら、私のせいなんだろうか？　どうしよう。怖い。

私はこのときまでまったく気づかなかったのだが、元旦那との結婚生活がすっかりトラウマになってしまっていたようだ。この根はとても深く、どうしても恐怖感がぬぐえなかった私は、優しかった彼から逃げ出してしまった。

また、同じことを繰り返してしまうかもしれない…私はすっかり恋愛や結婚に対して臆病になってしまったのだった。

私がいまだに独り身で、元旦那が再婚して幸せなのは、私の方に問題があったからなんだろうか？　だから元旦那があんなふうになっていったのだろうか？　元旦那が私にしていた酷い仕打ちは、すべて私のせいだったのか？　離婚することになったのも、すべて私のせいだったのかもしれない。だとすれば、私はもう誰とも結婚できない。してはいけない。私はそんなに酷い人間だったのか…。

気づくとこんな風に自分を責めるようになってしまったのだ。

「私に問題があったから」「すべて私のせい」…。

これはもう、長年のモラハラで植え付けられたものとしか言いようがない。

そう、私はまだモラハラの呪縛から、脱しきっていなかったのだ。

私の中で芽吹いた不安の種は、罪悪感や恐怖へと育ち、私の心をがんじがらめにしていったのだが、当時、モラハラそのものに気づいていなかった私には、ただ「自分が悪い」としか思うことができず、一人で抱え込んでしまったのだ。

離婚して何年も経ってからこんなことになるなんて、予想だにしていなかったせいか、ダメージは思いのほか大きかった。こうして一人で抱え込むことで私はますます泥沼に落ちていくことになるのである。


元旦那の結婚を知ってから、半年が過ぎた頃だったろうか、少しずつではあるが、私に異変が起きはじめた。

私は基本的にはよく眠るし、深く眠るほうなのだが、だんだん眠りが浅くなるようになった。しかも、突然なにか不安に襲われたようにガバッと起き、「今何時？ ここどこ？」と、状況がまったく把握できていないということが増えた。そんな目覚め方をしたときは、必ずと言っていいほど心臓がバクバクしていて、得体の知れない不安感がしばらく続く。

また、私は結婚していたときには、何があっても必ず毎日掃除していたのだが（これは決して私がきれい好きだからではなく元旦那に怒られるからだった）、離婚してからもその癖がまったく抜けなくて、「毎日掃除しなくちゃ。毎日掃除できなかったら私はダメな女だ」と、何故か思い込んでいた。

元旦那の洗脳恐るべしである。

そんな私だったのだが、なんだかやる気の出ない日が続き、どうしても掃除をする気になれなくて、ついには掃除をサボってしまう日が出てきた。

「今日…掃除できなかった。どうしよう」と、そんな些細なことで自分を責め、「明日は今日できなかった分、しっかり掃除しよう」と思うが、やはりやる気になれない。軽く掃除機をかけて「とりあえず今日はこれで…」とごまかす日が増えてきた。

一番変化が大きかったのは仕事だろう。私はわりと余裕を持って仕事を上げる方で、納期数日前に仕事を納めることはごく当たり前のことだったのだが、仕事が思い通りできなくなってしまったのだ。

少し座って仕事を始めると、なんだか頭が重くなり体が疲れる。横になると眠ってしまい、その眠りも浅いので飛び起きて心臓がバクバクする。仕事に戻るも集中力が続かない。

どうしたんだ私？

集中力には自信があったのに、何でこんなに気持ちが疲れるんだろう。仕事をしなければと思えば思うほど、体が自由に動かない。納期ぎりぎりで納めることも増えてきてしまった。

変だ。こんなの私じゃない。私に何が起こっているんだろう？

年末になり、大掃除をしなければならない時期が来ても私の体は動かなかった。いつもなら「やったるでー」と2日がかりで家中の大掃除をするのだが、まったくと言っていいほどそんな気になれない。

…家が汚いまま新年を迎えるのは嫌だ。掃除しなくちゃ…。だがやっぱり体が動かない。気がつくとごろりと横になり、浅い眠りに身を委ねている。

私はいったいどうしてしまったんだろう？　怠け者になってしまったんだろうか？　こんな

ことじゃダメだ。頑張らなくちゃ。

考えれば考えるほど体は動かない。いったい私の体に何が起こったのだろう…。

何かと不調続きではあったが、きっとこれは一時的なもので、しばらくすれば元通りになると思っていた私の予想は見事にはずれ、状態は日々悪化していった。

ある日、もう少しで納期に間に合わないところまで来てしまい、さすがにまずいと思った私は、思い切って10日ほど休みをとることにした。離婚して以来、そんな長い休みを取ったことは一度もなかった。私の仕事は完全出来高制で、さらに自営業なので、万が一突然寝込んだり仕事がなくなったらと思うと、なかなか休みを取る気にはなれなかったのだ。だが、今回のような状態になったことで、離婚してからずっと頑張り続けて疲れてしまったのかもしれないと思った。

正直なところ10日の休みは痛かったが、この辛さから開放されるのなら、仕事のことを忘れてしばらくぼーっと過ごすのもいいかなと思ったのだ。会社には体調不良を理由に休みを貰った。これでゆっくり休んでリフレッシュしてまた一から頑張ろう。そう思って休みに入った私は、一日中家でごろごろしていた。気がつくと眠る。ひたすら眠る。それでも眠りが浅いのですぐに目が覚める。気がつくと一日布団の中にいたという日もあった。

ミラは私が仕事で疲れて休んでいると言う状況を理解していたので、眠っている間は放置してくれていた。これでママが元気になれば…と思ってくれていたのだろう。だが、10日の休みが終わっても、私の状態は変わることはなく、ますます悪化していったのである。

掃除ができない日がどんどん増えていく。仕事をしようと思って、椅子に座っても10分も座っていられない。横になってぼーっとしている間に、どんどん時間は過ぎていく。納期ギリギリで仕事を収める日が続く。

そうして、ついには食事を作ることさえ苦痛になってきてしまったのである。出来合いの惣菜を買ってきて並べる日々。出かけることすら苦痛になっていることに気づく。そんな自分をまた責める。

「ミラ、ごめんな。きちんとご飯つくらなあかんのに、ママ失格やな」

そんな私にミラは言う。

「ううん。ママお仕事大変やし疲れてんねんもん。かまへんよ」

この言葉にはずいぶん救われたが、それでもやはり「ご飯をきちんと作れないなんて母親として最低だ」という想いは拭い去れなかった。

考えても考えてもわからない。やろうと思っても体が動かない。もがけばもがくほど、深い闇の中に落ちていくような感覚。もう、どうすればいいのかまったくわからなくなっていた。

体調、精神状態は相変わらず最悪だ。更に過食傾向まで出てきた。何を食べたいかはさっぱりわからないし、料理を作る気力もないのに、「食べたい」と言う気持ちだけが大きくなる。

食べても食べても満たされない。お腹一杯で苦しいのに、それでも何か足りないものを埋めるかのように食べ続ける。そのせいで、体重は過去最高値を軽く越えてしまった。この辺りから、自分でも明らかにおかしくなっていることに気づき始めた。

「あかん。絶対に何かおかしい。こんなん普通違う」

わかってはいても、何をどうすればいいのかまったくわからない。

「自分は変だ」という想いが、ますます私を蝕んでいく。そうして、ついには仕事をしながらぽろぽろ涙を流し始めた。

「どうしよう。仕事できひん。もう無理や。どうしたらええんやろう。なんでこんなんなの？　わからへん。辛いよ。苦しいよ…。誰でもええから助けて…」

泣きながら布団にもぐる日々が続いた。ミラに心配をかけてはいけないと思いつつも、涙は止まらない。

本当に私はいったいどうしてしまったんだろう？　挙句の果てには、

「もうだめだ。消えてなくなってしまいたい…。私なんかいなくなればいいんだ…。もう何もかも捨てて楽になりたい…」

と、明らかに異常な考えが起き始めた。

「私に起った異常」

実はこの少し前から、私は「自分は鬱病なのではないか」と疑っていた。ネット上の「鬱病チェック」というのを試してみると「中度の鬱」と出る。

私は鬱病なんだろうか？　そう思うことで逃げているだけなんじゃないんだろうか？　鬱病

だと食欲がなくなるんじゃないの？　私は過食だから違うはずだ。眠れなくなるのが鬱病なんじゃないの？　私は眠りは浅いけれど、際限なく眠るからきっと違うはずだ。

そんな頃、テレビで鬱病のCMが流れていた。

「1ヶ月辛かったら病院へ」

それを見て、病院へ行ったほうがいいんだろうか…と私は悩んだ。

私は本当に鬱なんだろうか？　自分の弱さを鬱のせいにしているだけなんじゃないんだろうか？　病院へ行ったら鬱でもなんでもないって言われるかもしれない。こんなことくらいで、病院へ行っていいもんなんだろうか…。考えれば考えるほど迷路に迷い込む。

鬱じゃない。鬱なんかじゃない。私の根性が足りないだけなんだ。私が自分を甘やかしすぎているだけなんだ。そうして、私の症状はますます悪化していくのだった…。

このままじゃいけない。今のままだと本当にダメになってしまう。何とかしなくては…。鬱じゃないかもしれないけれど、精神状態がおかしいことは間違いがなかった。これは一度メンタルクリニックに行くべきかもしれない。このとき、初めて私は本気で病院へかかることを考え始めた。

ネット上で、なるべく通院に便利で評判の良さそうなところを探してみた。探してみると近所には意外と多くのメンタルクリニックがある。心が健康なときにはまったく気づかなかった。「ここがいい」と思ったものの、予約の電話をするのに1週間もかかってしまった。いざとなると、尻込みしてしまうのだ。

やっとのことで、予約の電話を入れた私だが、予約が1週間後まで詰まっていると聞いてとても驚いた。世の中には、私と同じように悩んでいる人がこんなに多いのかと思うと、ほんの少し気分が楽になった。ゲンキンなものである。

診察の日、私はドキドキしながら病院へ行った。中はとてもきれいで、普通の病院の待合室よりも落ち着いた雰囲気だった。何人かの人が待っていたが、この人たちも鬱だったり、心に悩みを抱えている人たちなのかと思うと、なんだか不思議だった。みんな見た目にはそんな風には見えなかったから。きっと私も悩んでいるようには見えないんだろうなぁ。

問診表を渡される。「どのような症状ですか」との問いに、「鬱ではないかと思う」と書いた。しばらくして、診察室に呼ばれた。診察室に入ると、とても穏やかな微笑を湛えた初老の先生が座っていた。とりあえず挨拶をして椅子に座る。

最初私の様子を見たときに先生は、

「鬱かもしれないって書いてあるけど…そうは見えへんね」

と言った。先生がそういった理由はよくわかる。

昔からそうなのだが、私は嫌なことや辛いことがあっても、何故かニコニコしていることがある。それは他人に自分の辛さを悟られないがための自衛手段だったのかもしれない。このときも、確かに私は穏やかに笑っていたと思う。

だが、「実は…」と口を開いた瞬間に私の目からは涙がぼろぼろ流れた。この数ヶ月間ずっと辛い状態であることを泣きじゃくりながら先生に告げた。しばらく私の話を聞いた先生は、

「うん。鬱やね」と言った。

「もう少し前の話を聞かせてもらえるかな？」

私は元旦那との生活のこと、離婚のこと、元旦那の再婚のことなどを話した。

どんな風に話したのか、どんな順番で話したのかは覚えていない。ただ、しゃくりあげながら、滝のように涙を流し私は話し続けた。

その間、先生は「うん、うん」と言いながら、何かメモを取っていたようだ。そして、あらかた話し終わった私に、

「精神的ＤＶを受けてたんやね。辛かったやろ」

と言ってくれた。私はその言葉を聞いて、さらに泣き出した。

そうだったのか。私は精神的ＤＶを受けていたのか。

確かにそうなのかもしれないと思ったことはあったのだが、本当にそうなのか確信は持てないでいたのだ。

先生が言うには、離婚してから一生懸命頑張っていた私は、頑張りすぎて疲れていたところへ元旦那の再婚に直面し、「自分を不幸にした人間が幸せになるなんて理不尽だ」という想いから、心のバランスを崩してしまったのだろうということだった。

「納得いかんのが普通やと思う。自分を苦しめた人間がのうのうと幸せになってるなんて思ったら、そら理不尽やと思うに決まってる。でもね、心配せんとき。そんな奴は必ずまた同じことを繰り返すから。本当の意味での幸せにはなられへんよ」

これは気休めだったのかもしれない。

だが、その言葉で私の心がほんの少し軽くなったことは事実である。

「それに鬱は、きちんと薬飲んだら治るから安心して」

私は1週間分の薬をもらい帰宅した。

先生に話を聞いてもらって、私の気持ちをわかってもらえただけでも、ずいぶん楽にはなったのだが、本当にこんな小さな薬で私の辛さが軽くなるのだろうか…。それでも、この小さな3種類の薬に頼るしかない。私は半信半疑ながら薬を飲んだ。

そして翌日…。信じられないくらい、心が軽い。

え？　1日でこんなに変化があるものなの？　今まで泣いていた私はいったい何？　あのどんよりした気持ちはどこへ行ったの？

逆にやたらハイになっているような気もする。今までの辛さが嘘のようである。

薬ってこんなに効くものなのか。こんなことなら、もっと早く病院へ行けば良かった。そうしたら、あんなに辛い思いをしなくてすんだのに。ミラにも迷惑かけずにすんだのに。

そんなわけで、私の変化に一番驚いていたのは当然ミラである。

「ママ、昨日までと別人みたい。でも元気になって良かったぁ♪」

心配かけてごめん。

でも、ミラがいなかったらもっと悪化していたかもしれない。あんたがそばにいてくれて本当に良かった。

1週間後にまた病院を訪れた私を見て、先生は微笑みながら言った。

「ずいぶん良くなったみたいやね」

「はい。薬がこんなに効くなんてびっくりしました。こんなことやったら、もっと早く来れば良かったです」

「そやね。鬱は少しでも早く治療したほうが治りも早いから。この調子やったら、そんなに長くはかからへんかな」

「あのー…、薬のせいやと思うんですけど、やたら眠くて仕事ができないんですけど。あと、胸がものすごく張ります」

「うーん、それは仕方ないなぁ。眠いときは寝て。睡眠不足も鬱には良くないから。あと、胸が張るのもちょっと我慢してな」

そんなわけで、数回の通院の後、私は薬に頼る必要がなくなり、クリニックへ通うこともなくなった。

その後の私

離婚して6年が過ぎた。

鬱やトラウマに悩まされることはあったが、今は、娘と2人穏やかに暮らしている。

元旦那とは、養育費の支払い請求時以外、連絡を取ることはない。それも、こちらからメールで一方的に連絡して、元旦那からは何の連絡もなくお金が口座に振り込まれるだけなので、お互いの状況はさっぱりわからない。

中学入学式当日、ミラが元旦那に、「今日、入学式だよ」とメールを入れた。何回かやり取りをしていたようだが、「パパ、一度もおめでとうって書いてくれへんかった」と、少しへこんでいた。元旦那の性格は相変わらずのようだ。

元旦那が元不倫相手と幸せに暮らしているのかどうか私は知らないし、知りたいとも思わないが、少なくとも知ったところで心乱されることはもうないだろう。

私も、できることなら再婚したいと素直に思えるようになった。トラウマはまだ残っている

のかもしれないが、今度は逃げないつもりだ。また同じ間違いをしでかさないように、パートナー選びは慎重にしなければいけないのだが、あれだけの経験をした私なら、たいていの人となら上手くやっていけそうな気がする。そういう意味では、元旦那に感謝すべきだろうか(笑)。ただ、娘と2人の気楽な暮らしを手放すのは、少しもったいないかな…なんて考えているようでは、再婚もまだまだ先の話かもしれない。

クリニックに通わなくてもよくなった頃、私はブログを書き始めた。
それが「くたばれバカ旦那」である。
それから私はいろいろなことを知り、考えることになった。
軽い気持ちで書き始めた「バカ旦那ブログ」だったが、そこに書き込まれた応援コメントの中に、

「桃猫さんとご主人の関係は典型的なモラハラですね」

と言うモノがあったのだ。
私が初めて目にする言葉だった。

「モラハラ」って何だろう?

私はインターネットで「モラハラ」について調べてみることにした。

すると、モラハラが「モラルハラスメント」と言う言葉の略だと言うことを知った。

更に検索をし、比較的詳しく説明してあるサイトを2つほど見つけ読んでみた。

読んでいるうちに涙が流れ出した。

そこに書かれてある被害者像はまさしく結婚していた頃の私の姿だったのだ。

もしかしたら自分が何もかも悪いのでは…と、必要以上に自分を責める。

自分さえ我慢すれば…と思ってしまう。

旦那の顔色を伺って、旦那の言いなりとも思えるような行動をしてしまう。

…などなど、「どこかで見てたんですか?」と聞きたくなるぐらいぴったり当てはまっていた。

元旦那の行動についても同じだった。

結婚していた頃に受けていた理不尽とも思える数々の仕打ちや「なんでそんな酷いこと言うの?」と思わされた言葉の数々は、モラハラ加害者の行動そのものだったのだ。

「精神的DV」よりもはるかにこちらのほうがしっくり来た。

目から鱗とはこのことである。何十枚もの鱗がこぼれ落ちたような気がした。

そうだったのか。

私は「モラルハラスメント」と言う名の精神的虐待を受けていたのか。

これですべてがはっきりわかった。

離婚後も結婚生活がうまくいかなかったのを「自分のせいだ」と必要以上に自分自身を責め続け、いつまでも罪悪感から開放されなかったのは「モラルハラスメント」による洗脳が解けていなかったからだったのか。離婚した後も私は「モラルハラスメント」にがんじがらめにされていたのだ。


だが私は「モラハラ」の存在を知り、それがどれだけ理不尽なものかを知った。

たったそれだけのことなのに、私はすべてのものから救われたような気持になったのである。

モラハラを知ってからの私は、いろいろなことに気づかされた。

当時理解できなかった旦那の行動や言葉も「なるほど」と思えた。

必要以上に卑屈になっている自分の姿も客観的に見ることが出来た。


あの頃に気づいてたら、結婚生活は上手くいっていたんだろうか？

いや、逆にもっと早く結婚生活に見切りをつけていたかもしれない。


そんなことを考えているうちに、だんだん気持が楽になっている自分に気づいた。

「ずっと悩んで損した。悩むだけ無駄やったんかぁ…」

こうして私は少しずつ元の自分を取り戻していった。

私の中に植え付けられたトラウマが消える日も、そう遠くないかもしれない。

最後に……

「ずいぶん前のことなのに、こんなに細かく覚えているなんて、とても記憶力がいいですね」とよく言われる。確かに、自分でもよく覚えてるなぁと感心することがある。

でも、覚えていて当然かもしれない。なんせ、私は結婚当初2～3年くらい、毎日日記を綴っていたのだから。旦那の浮気事件で悩んだことなんかを、日記に叩きつけていた。読み返して泣くこともあった。

日記を書く、読み返す、繰り返し悩む。人間が、楽しいことよりも辛かったことの方をよく覚えているというのは、悩むことで何度も何度も自分の中でその出来事を反芻するからではないのだろうか?

私のブログを読んで「救われた」と言ってくれた人たちがいる。

「私と同じような境遇で頑張っている人がいると知ってうれしくなりました。私も頑張ります」「長年私を苦しめていたものが『モラルハラスメント』だと知り、心が救われた思いです」

「私は自分ほど不幸な人間はいないと思っていましたが、そうでもないかもしれないと思い始めました」「今まで踏ん切りがつかなかったけど、離婚します。きっかけをくれてありがとう」など、本当にいろいろなメッセージをいただいた。

私の辛かった経験が、誰かの役に立つなんて、こんなにうれしいことはない。今までの人生は無駄じゃなかった。頑張ってきて良かったと、心から思わされた。

その反面、厳しい意見も少なくなかった。

「離婚したとはいえ、元旦那の悪口を書くなんて最低だ」「被害者面して恥ずかしくないのか」「これはモラハラの記録なんかではない。ただの愚痴だ」

それはもう、ここに書くのもはばかられるような、罵詈雑言を浴びせるようなメッセージもあった。

いまひとつ悲壮感に欠けるという人もいた。悲壮感がないのは性格だから仕方がない。なんせ、鬱病のときですら、周囲は私がそんな状態であることに気づかなかったのだから。

モラルハラスメントは、他のハラスメントやDVに比べると、周囲の人たちには理解されにくく、見えにくいという特殊な形の虐待である。

「殴られた（DV）」「卑猥なことを言われた（セクハラ）」というように、ひとつの言葉ですべてを説明できるような簡単なものではないのだ。

生活している中でのいろいろなプレッシャーの積み重ね、加害者側からの見えない重圧。追い詰められ、正常な判断力を失っていく自分自身。おかしいと思いながらも従わざるを得ない空気。「自分が悪い」と思い込まされるようになるプロセス。それらを簡単な言葉で説明するのは土台無理な注文である。

現在モラハラを受けていることに気づいていない人が、一人でも多くモラハラの存在を知り、その苦しみから脱出するきっかけになればと思い、私はこの「バカ旦那」を書き続けた。「モラルハラスメント」は、まだまだ認知度の低い言葉である。さらには経験者でなければ、なかなか理解し難いものでもある。

テレビや週刊誌で取り上げられることも増え、モラハラの経験者だという人たちも、少しずつ声を上げ始めたようだ。これからいろいろな形でモラルハラスメントについて、語られることが多くなるだろう。それらの中から、正しい知識を得て、一人でも多くのモラハラ被害者が救われることを願ってやまない。

さて、最後に「くたばれバカ旦那」というタイトルについてふれよう。

「旦那をバカ扱いするなんて、さらに〝くたばれ〟なんて酷すぎる」と思われた方も少なくないだろう。また、一度くらいは夫に対して「くたばれ」と思ったことがある妻も多いのではないだろうか。

「くたばれバカ旦那」と銘打ってはいるものの、私は旦那に「くたばって欲しい」と思ったことは、実のところ一度もない。

え？　格好つけるな？　本音ではくたばって欲しいと思っていたんだろうって？

最後に……

確かに私は「バカ旦那」にはくたばって欲しいと思っていた。だが、私にとって「バカ旦那＝旦那」ではないのだ。なんだそりゃという声が聞こえてきそうだ。

私にとって「旦那＝普通のときの機嫌が良いときの旦那」で、「バカ旦那＝不機嫌で理不尽なときの旦那」なのである。ゆえに「バカ旦那≠旦那」となるのだ。

そう、私がくたばって欲しかったのは、旦那の中にいるもう一人の旦那。

つまり「金遣いが荒くて浮気者で俺様なバカ旦那」のことなのである。

結婚前の優しかった旦那に戻ってくれていれば、私はいまだに旦那と暮らしていただろうと思う。私の見ていた優しい旦那こそが幻想で、バカ旦那こそが真実の姿だったのかもしれない。それでも、私は希望を持たずにはいられなかった。優しかったあの頃の旦那に戻って欲しい……と。

結局「バカ旦那」はくたばることがなく、離婚に至ったわけなのだが、この本の内容は他人事じゃありませんぜ、世の奥様、旦那様。

誰の中にも、バカ旦那やバカ嫁は存在している。もちろん、私の中にもいるだろう。ただ、それが成長して表面に出てくるかどうかは本人次第だ。

世の夫婦の悩みの種である「バカ旦那」や「バカ嫁」がくたばり、配偶者に悩まされる人が一人でも減り、幸せな夫婦が増えることを祈りつつ、筆を置きたいと思う。

すべての夫婦に幸あらんことを。

【著者】

桃猫（ももねこ）

関西在住。元旦那とは８年の交際を経て結婚。さらに８年間のモラハラ結婚生活を経て、２０００年６月に離婚。現在は娘と２人暮らしの在宅ワーカー。
人気ブログ「くたばれバカ旦那！～私が離婚を決めるまで」は、アメーバブログランキングで長期にわたり「結婚部門」１位を獲得。また「ブログマガジン」（コアマガジン発行）では、２００５年「恋愛部門」１位として紹介される。

くたばれバカ旦那！

2006年11月22日　初版第1刷発行

著者……………桃猫

イラスト………桃猫

装幀……………有限会社　津嶋デザイン事務所/津嶋佐代子

発行者…………籠宮良治

発行所…………太陽出版
東京都文京区本郷 4－1－14　〒113-0033
電話03-3814-0471／FAX03-3814-2366
http://www.taiyoshuppan.net/

印刷……………壮光舎印刷株式会社
株式会社ユニ・ポスト

製本……………有限会社井上製本所

 Printed in Japan　ISBN4-88469-489-9